L ove
I s
G od‘s
H int
to T rust

Edition BOD

Über das Buch

Wichtige Zusammenhänge lassen sich oft nur erkennen, wenn man es auch mal wagt, über den eigenen Tellerrand hinauszuschauen. In diesem Buch gelingt es dem Autor erstmals, äußerst eindrucksvolle Analogien zwischen Erkenntnissen der modernen Physik und der Sterbeforschung aufzuzeigen. Aus dieser Synthese ergeben sich neuartige, wissenschaftliche Indizien für ein Leben nach dem Tod. Mit einem leicht verständlichen Text, zahlreichen Abbildungen und Farbbildern sowie einfachen Experimenten zum Selbermachen erhalten die Leserinnen und Leser an der Seite von Lucy äußerst spannende Einblicke in die Strukturen von Raum und Zeit.

Über den Autor

Prof. Dr. Markolf H. Niemz ist Physiker und hat seit 1999 einen Lehrstuhl für Medizintechnik an der Universität Heidelberg. In einem Jointventure mit dem Universitätsklinikum Mannheim und der Fachhochschule Mannheim hat er die Mannheim Biomedical Engineering Laboratories (MABEL) gegründet. Für seine Forschungsergebnisse zur Lasermedizin wurde er im Jahr 1995 mit dem Karl-Freudenberg-Preis durch die Heidelberger Akademie der Wissenschaften ausgezeichnet.

Markolf H. Niemz

Lucy mit c

Mit Lichtgeschwindigkeit ins Jenseits

Wissenschaftsroman

Edition BOD

Bibliografische Information Der Deutschen Bibliothek:
Die Deutsche Bibliothek verzeichnet diese Publikation in der Deutschen Nationalbibliografie; detaillierte bibliografische Daten sind im Internet unter <http://dnb.ddb.de> abrufbar.

4. Auflage 2008, komplett überarbeitet

Herstellung und Verlag:
Books on Demand GmbH, Norderstedt

ISBN 978- 3-8334-3739-7

Inhaltsverzeichnis

Der Prolog – hier geht's los!

Sie wollen dieses Buch lesen? Das erfreut mich sehr! Allerdings werden Sie dann wohl mehrere Stunden mit der Lektüre des Buches verbringen. Da ist es sicher von Vorteil, etwas mehr über mich – den Autor des Buches – zu erfahren. Und über meine Beweggründe, dieses Buch zu schreiben. Denn nicht ohne diese wichtigen Hintergrundinformationen möchte ich Ihre kostbaren Lesestunden in Anspruch nehmen.

Erstens: Ich selbst stamme aus einer akademischen Familie. Mein Vater ist Geograph und meine Mutter Sportlehrerin. Sie hat sich aber frühzeitig entschieden, ihren Beruf an den Nagel zu hängen und ausschließlich Hausfrau und Mutter für meine beiden Schwestern und mich zu sein. Erwähnenswert in diesem Zusammenhang ist noch, dass mein Großvater Pfarrer war. Damit will ich nur zum Ausdruck bringen, dass ich christlich aufgewachsen bin, meine Familie aber nicht besonders streng religiös war. Zusammen mit meiner lieben Frau habe ich einen dreijährigen Sohn, der zur Zeit unser kleiner Sonnenschein ist. Meine Frau und mein Sohn sind katholisch, ich bin evangelisch.

Zweitens: Ich selbst bin Physiker von Beruf und habe einen Lehrstuhl für Medizintechnik an der Universität Heidelberg. Somit ist dieses Buch sicher von meinem naturwissenschaftlichen Denken geprägt. Allerdings zählt mein Forschungsgebiet zur praxisorientierteren, angewandten Physik und nicht zur theoretischen Physik. Meine Spezialgebiete sind die Lasermedizin und die medizinische Gerätetechnik. In der Lasermedizin entwickelt mein Team u. a. ein System, das mit Hilfe von ultrakurzen Lichtpulsen in Echtzeit Zahnkaries diagnostizieren und schmerzfrei therapieren kann. Diese neue Technologie dürfte in den kommenden Jahren bereits in vielen Zahnarztpraxen Einzug halten. In der medizinischen Gerätetechnik befassen wir uns mit ganz neuartigen, modularen Messverfahren zur simultanen Überwachung lebenswichtiger Parameter (wie beispielsweise Atmung, Blutdruck und EKG), die in Operationssälen oder auf Intensivstationen ihren Einsatz finden. Vor diesem Hintergrund ist es sicher verständlich, dass Begriffe wie „Licht" und „Leben" eine besondere Faszination auf mich ausüben und mich zum Schreiben dieses Buches inspiriert haben.

Drittens: Meine Grundannahmen sind allesamt im Einklang mit der modernen Physik bzw. stützen sich auf Patientenaussagen, die persönlich – teilweise sogar unter kontrollierten wissenschaftlichen Bedingungen – eine Nahtoderfahrung gemacht haben. Aufgrund von vielen wissenschaftlichen Studien ist das Gebiet der Nahtoderfahrungen heute schon zu einem international anerkannten Forschungsgebiet geworden, das mit eigenen Fachzeitschriften und Kongressen weltweit vertreten ist. Im Anhang dieses Buches sind aktuelle wissenschaftliche Erkenntnisse über die Nahtoderfahrungen zusammengefasst. Dabei habe ich einen großen Wert auf eine möglichst objektive Darstellung gelegt. Weiterführende Literatur befindet sich am Buchende.

Viertens: Zwar stelle ich in diesem Buch keine neuen Forschungsergebnisse vor. Dennoch will ich bereits an dieser Stelle darauf hinweisen, dass meine Schlussfolgerungen höchst spektakulär sind und keinesfalls den allgemeinen Konsens innerhalb des modernen naturwissenschaftlichen Weltbildes darstellen. Naturwissenschaftlich beweisen kann ich meine zentrale Hypothese nicht. Ich will es auch gar nicht versuchen, liegt mir doch eine Versöhnung von Naturwissenschaft und Religion am Herzen. Eine solche Versöhnung wäre zum Scheitern verurteilt, würde ich ausschließlich nur naturwissenschaftliche Beweise heranziehen. Aber – und dieses „aber" ist ganz entscheidend – die dargelegten Indizien sind für mich so überzeugend, dass die Kluft zwischen naturwissenschaftlichem „Beweisen" einerseits und religiösem „Glauben" andererseits in meinen Augen unerheblich wird. Ja, ich selbst komme sogar zu der folgenden überraschenden Schlussfolgerung: Religiöse und naturwissenschaftliche Denkweisen ergänzen sich derart, dass die Existenz eines Lebens nach dem Tod zwingend notwendig erscheint. Diese Feststellung geht aus dem Kapitel „c" hervor, in dem ich den Versuch unternehmen werde, den Dialog zwischen der Physik, der Philosophie und der Theologie wiederherzustellen. Ein Dialog, der heute leider aufgrund einer immer weiter fortschreitenden Spezialisierung der einzelnen Fachgebiete ins Stocken gekommen ist. Dabei wäre es gerade in der heutigen Zeit, in der viele geistige Werte durch immer mehr materielle Werte ersetzt werden, dringend notwendig, einen derartigen Dialog aktiv zu fördern.

Fünftens: Viele Leserinnen und Leser werden die Aussagen dieses Buches für unglaubwürdig halten und zunächst ablehnen. Es ist nicht mein Anliegen, dies zu kritisieren, hätte ich doch vor einigen Jahren noch ganz ähnlich auf ein solches Buch reagiert. Ich habe nämlich die Erfahrung gemacht, dass viele Menschen entweder sehr interessiert oder aber sehr abweisend sind gegenüber allem, was mit dem Thema „Nahtoderfahrungen" zusammenhängt. Nur selten ist diesbezüglich in der Öffentlichkeit ein geringfügiges Interesse oder gar eine gewisse Gleichgültigkeit feststellbar. Nun ist es aber so, dass Nahtoderfahrungen naturgemäß die einzige Möglichkeit für uns darstellen, etwas über das Leben nach dem Tod – wenn es denn ein solches gibt – im wahrsten Sinne des Wortes in „Erfahrung" zu bringen. Kein Naturwissenschaftler, kein Philosoph, aber auch kein Theologe wird jemals aus eigener Erfahrung über das Jenseits berichten können; es sei denn, er war schon einmal „dort". Und genau dieser Umstand, dass Nahtoderfahrene schon einmal kurz über den Tellerrand schauen durften, machen die Nahtodberichte so sehr wertvoll. Deshalb werden sie auch in diesem Buch als Beleg für die getroffenen Aussagen herangezogen. Und selbst wenn solch ein einzelner Bericht noch nicht sehr aussagekräftig ist, so ist doch die Vielzahl der inzwischen verfügbaren Schilderungen ein nicht zu unterschätzendes Kriterium für ihre Glaubwürdigkeit.

Sechstens: Ich selbst will von niemandem erwarten, dass er den Inhalt dieses Buches einfach so hinnimmt. Im Gegenteil: Ich möchte alle Leserinnen und Leser herzlichst einladen, doch selbst einmal in die wichtige Rolle der Wissenschaftlerin oder des Wissenschaftlers zu schlüpfen und dabei eine Reihe von Experimenten persönlich durchzuführen. Oft ändert sich nämlich der eigene Standpunkt, wenn man selbst Hand an die Dinge legt und nicht nur passiv aufnimmt, was andere darüber zu berichten haben. Deshalb habe ich einige interessante Experimente zur Thematik dieses Buches zusammengestellt, welche die meisten von uns ohne jeden größeren Aufwand durchführen können. Die Anleitungen hierfür befinden sich in dem Kapitel „Deine Experimente".

Siebtens: Als ich in einem wissenschaftlich verfassten Artikel der Frankfurter Allgemeinen Sonntagszeitung (FAS) vom 15. Mai 2005 ein Bild vom physikalischen Searchlight-Effekt sehe, fällt mir sofort die verblüffende Analogie zu den Tunnelerlebnissen auf, die oft in Nahtoderfahrungen zitiert werden. Übrigens handelt es sich um fast das gleiche Bild wie die Abbildung 4c in diesem Buch. Spontan fasse ich den Entschluss, diese Erkenntnis in Buchform vielen Leserinnen und Lesern mitzuteilen. Ich habe zwar auch schon während meines Physikstudiums oft über mögliche Parallelen zwischen der relativistischen Zeitdehnung und der theologischen Ewigkeit nachgedacht. Aber das Bild in der FAS ist für mich ein derart überzeugendes Indiz, dass ich nun meine Überlegungen auch einem breiten Publikum übermitteln will. Allerdings weiß ich zunächst nicht, in welcher Form ich meine Gedanken niederschreiben werde. Soll es ein wissenschaftlicher Aufsatz werden? Vielleicht ein Fachbuch? Oder soll es doch eher ein Roman werden? Ich entscheide mich schließlich für die ungewöhnliche Form eines Wissenschaftsromans, um möglichst viele Leserinnen und Leser – genau Sie sind mir deshalb so willkommen! – mit einzubinden. Danach stellt sich mir die Frage, wer soll eigentlich neben Ihnen die Hauptperson in meinem Buch spielen? Etwa ein alter, weiser Herr mit ergrautem Haar namens Albert? Nein, ich werde eine weibliche Person mit dem Namen Lucy das Licht der Welt erblicken lassen. Sie soll der leider immer noch maskulin dominierten Physik ihren Schrecken nehmen und meinen Gedanken wie eine werdende Mutter Leben einhauchen.

Achtens: Auch wenn ich selbst noch keine klassische Nahtoderfahrung erlebt habe, so will ich Ihnen doch an dieser Stelle ein sehr ähnliches Erlebnis schildern. Am 10. Juni 2005 habe ich einen merkwürdigen Traum: Mein Bett fängt plötzlich an zu vibrieren und zu schaukeln. Irgendwann schüttelt es mich so stark, dass ich aus dem Bett geworfen werde. Ich schaue aus dem Fenster und erblicke ein ganz riesiges Feuerwerk mit unzähligen, funkelnden Sternen über einem Berg, der sich neben unserem kleinen Dorf befindet. Unterhalb des Berges entdecke ich einen mir noch unbekannten, wunderschönen und kristallklaren See. An dessen Ufer stehen farbenfrohe, futuristisch aussehende Häuser, die in ihrer Architektur so einfach strukturiert sind wie die Bauklötze unseres Sohnes – nur eben überdimensional. Irgendwann bemerke ich die Gesichter von drei mir sehr vertrauten Menschen, aber ich kann mich nicht erinnern, wer sie sind. Ich will die Szene mit meiner Digitalkamera festhalten, aber die Kamera will nicht auslösen. Wenige Minuten später weckt mich meine Frau mit ihrem Telefonanruf und teilt mir mit, dass soeben ihr Vater gestorben ist. Ich erzähle Ihnen dieses Erlebnis deshalb so ausführlich, weil ich – vielleicht inspiriert durch diesen Traum – in nur insgesamt acht Wochen dieses Buch fertig stellen kann, obwohl ich als „Papa in Elternzeit" durch unseren Sohn ordentlich auf Trab gehalten werde. Dennoch fließen alle Gedanken so aus mir heraus, als wären sie externe Eingebungen. Ich brauche sie nur ins Notebook zu tippen. Wenn ich heute zurückblicke, bin ich äußerst erstaunt darüber, in welch einer kurzen Zeit dieses Buch entstanden ist.

Immer noch skeptisch? Oder jetzt erst recht skeptisch geworden? Wenn ja, dann möchte ich Ihnen noch die folgende kleine Empfehlung mit auf den Weg geben: Bitte versuchen Sie es doch zumindest, Lucy – die in diesem Buch gemeinsam mit Ihnen ein Raumschiff besteigen will – zunächst ganz unvoreingenommen auf ihrer Reise durch Raum und Zeit zu begleiten. Denn allzu oft ist es leider so, dass wir uns selbst mit unseren eigenen Vorurteilen im Wege stehen. Lassen Sie also die einzelnen Kapitel und die zahlreichen Abbildungen zunächst auf sich wirken, bevor Sie voreilige Schlüsse ziehen. Wenn Ihre Skepsis am Ende trotzdem noch überwiegt, können Sie dieses Buch immer noch über Ebay „verscherbeln" ...

Im Juli 2005
Markolf H. Niemz

Hallo

Hallo!
Ich heiße Lucy.

Lucy mit c.

Warum mit c?
Weil ..., ach, nach dem Lesen dieses Buches wirst du es sicher verstehen!

Mein Name hat die Bedeutung von „die Strahlende" oder „die Glänzende". Er stammt ab vom lateinischen Wort *lux* (auf Deutsch: das Licht). Licht hat die Menschheit schon immer fasziniert, denn ganz ohne Licht wäre ein Leben auf unserer Erde undenkbar. Physikalisch gesehen ist Licht nämlich ein wichtiger Energieträger. So empfinden wir z. B. das unsichtbare, infrarote Licht als Wärme. Um das Thema Licht bzw. um lichtähnliche Zustände geht es auch in diesem Buch. Licht hat nämlich die ganz bemerkenswerte Eigenschaft, sich derart schnell im Raum auszubreiten, dass es durch nichts mehr eingeholt werden kann. Nichts bewegt sich schneller als das Licht!

Darf ich dich mitnehmen auf eine abenteuerliche Reise durch Raum und Zeit? Eine Reise, die dich nur ein paar Lesestunden kosten wird, in der du aber, verglichen mit allen deinen Freunden auf der Erde, um ein Jahr jünger wirst, wie du bei der Lektüre dieses Buches bald selbst feststellen wirst ...

Um die Fahrkarte für diese Reise zu lösen, brauchst du nur – ohne jede weitere Verpflichtung – darüber nachzudenken, ob es tatsächlich eine Art Schöpfer dieser Welt gibt. Wenn es solch einen Schöpfer gibt, dann wäre es doch in höchstem Maße wünschenswert, dass unsere Religionen und Naturwissenschaften zu einem gemeinsamen Nenner finden können; dass also z. B. theologische Begriffe wie „die Ewigkeit" oder „das Jenseits" auch fundierte naturwissenschaftliche Entsprechungen haben.

Hierbei wollen wir ganz bewusst und gemäß der Ringparabel [1] keiner Religion den Vorzug geben. Da aber die Begriffe „Raum" und „Zeit" eine wichtige Rolle in diesem Buch spielen werden, wollen wir allerdings ab sofort unter dem naturwissenschaftlichen Weltbild insbesondere das Weltbild der modernen Physik – also inklusive der Relativitätstheorie und Quantenphysik – verstehen. Dabei werden wir die Kernaussagen der speziellen Relativitätstheorie nach Albert Einstein [2] und den sog. Welle-Teilchen-Dualismus des Lichts näher kennen lernen und in unsere Überlegungen mit einbeziehen. Aber du darfst ganz beruhigt sein: Ich verspreche dir, dass wir für das Verständnis dieser Zusammenhänge ganz ohne mathematische Formeln auskommen werden. Mit einfachen und verständlichen Abbildungen werde ich dir die wesentlichen Aussagen erklären. Nur Mut! Und schon bald wirst du sehen: Vieles ist tatsächlich leichter, als du denkst. Nur die wirklich theoretisch Interessierten unter uns möchte ich an dieser Stelle auf die entsprechende Fachliteratur verweisen [2-7].

Also: Mein zentrales Anliegen ist es, gemeinsam mit dir nach den Entsprechungen zwischen unserem heutigen theologischen und physikalischen Weltbild zu suchen. Denn schließlich gibt es nur diese eine Welt für alle Menschen, also auch für die Theologen und Physiker unter uns. Und wenn du mich auf unserer gemeinsamen Reise bis zum Ende begleitest, dann wirst auch du erkennen: So ganz fremd sind sich diese beiden Weltanschauungen eigentlich gar nicht. Ja, es gibt sogar selbst im Einklang mit der modernen Physik

- einen Zustand vergleichbar mit der Ewigkeit,
- eine Fähigkeit vergleichbar mit der Omnipräsenz,
- und ein Befinden vergleichbar mit dem Jenseits.

Allerdings tauchen hier bereits – nämlich bei meiner Wortwahl von Zustand, Fähigkeit und Befinden – unsere ersten sprachlichen Schwierigkeiten auf. Denn Ewigkeit, Omnipräsenz und Jenseits sind Begriffe, bei denen wir mit unseren irdischen Vorstellungen von Raum und Zeit ganz offensichtlich an Grenzen stoßen.

Habe ich mit diesen Vorbemerkungen deine Neugier und deine Aufmerksamkeit geweckt?

Lust auf mehr? Dann heißt es jetzt:
Gut anschnallen! Und einen guten Flug!

Denn du wirst gleich sehen: Auf unserer abenteuerlichen Reise durch Raum und Zeit werden wir wirklich atemberaubende Geschwindigkeiten erreichen.

Eine Hypothese und fünf Indizien

Ich will gleich zur Sache kommen und konfrontiere dich deshalb bereits an dieser Stelle mit der zentralen Hypothese dieses Buches:

Mit dem körperlichen Tod wird unsere Seele
(unser geistiges Ich, unser Bewusstsein)
auf Lichtgeschwindigkeit beschleunigt und
geht dabei in einen lichtähnlichen Zustand über.

Auf den ersten Blick mag dir diese Hypothese absurd oder unwissenschaftlich erscheinen, weil ich mit der Seele eine spekulative Größe einführe. Aber dennoch gibt es eine Reihe von Indizien, die für diese Vermutung sprechen, auch wenn es sich dabei natürlich nicht um Beweise im naturwissenschaftlichen Sinne handelt. Denn solche Beweise kann es in Glaubensfragen nicht geben. Es sind aber Indizien mit einer in meinen Augen erstaunlichen Überzeugungskraft, zumal sie alle auf Erkenntnissen der modernen Physik basieren.

In diesem Buch wollen wir uns der Hypothese axiomatisch nähern. Dies ist eine erkenntnistheoretische Methode, bei der die Ausgangshypothese selbst nicht streng wissenschaftlich bewiesen wird, sondern als ein unbeweisbares Axiom vorausgesetzt wird. Wir werden die Hypothese als wahr annehmen und auf diesem Fundament ein in sich schlüssiges Weltbild bauen. Hierbei gehen wir allerdings streng wissenschaftlich vor, denn unsere Schlussfolgerungen beruhen auf physikalisch fundierten Indizien.

Schon viele Menschen haben darüber nachgedacht, ob nach dem Tod eine Art Lichtwelt auf uns wartet. Aber darum geht es gar nicht in meiner Hypothese. Bitte lies sie dir nochmals genau durch! Mir geht es nicht darum, eine exakte Aussage darüber zu machen, wie das Jenseits beschaffen sein könnte. Meine Hypothese beschäftigt sich nur mit dem Übergang vom Diesseits zum Jenseits, nämlich wie dieser Übergang stattfinden könnte. Ich halte es für möglich, dass dieser Übergang in Form einer Beschleunigung der Seele auf Lichtgeschwindigkeit vollzogen wird. Ich behaupte jedoch nicht, dass die Seele dabei selbst zu Licht wird. Ich stelle lediglich die Vermutung auf, dass die Seele in einen lichtähnlichen Zustand übergeht; nämlich einen Zustand der Masselosigkeit, der eine Bewegung mit Lichtgeschwindigkeit ermöglicht. Wie dieser Zustand im Detail beschaffen ist, entzieht sich unserer durch Raum und Zeit geprägten Erkenntnisfähigkeit. Und ich glaube, das ist auch gut so!

Insofern könntest du mir vielleicht vorwerfen, nichts wirklich Neues in diesem Buch zu behaupten. Und was die in diesem Buch besprochenen wissenschaftlichen Erkenntnisse angeht, so hast du sicher Recht. Ich stelle hier keine neuen Forschungsergebnisse vor – weder im Bereich der Physik noch im Bereich der modernen Sterbeforschung. Es geht mir vielmehr darum, bereits bekannte Erkenntnisse aufzugreifen und in einen gemeinsamen Kontext zu stellen. Erkenntnisse, mit denen die Spezialisten der beteiligten Disziplinen gut vertraut sind, die aber bisher weder unter diesen Spezialisten noch in der breiten Öffentlichkeit zusammengeführt und interdisziplinär gegenüber gestellt worden sind. Oder ganz konkret formuliert: Wir beide – du und ich – werden wichtige Effekte der speziellen Relativitätstheorie und der Quantenphysik analysieren und dabei Parallelen zu Ergebnissen der modernen Sterbeforschung ziehen.

Zum Beispiel ist nach meiner Kenntnis der „Lichttunnel", der bei einer Bewegung mit extrem hoher Geschwindigkeit zu beobachten ist, noch nie zuvor mit den in zahlreichen Nahtoderfahrungen beschriebenen Tunnelerlebnissen verglichen worden. Findest du es nicht auch sehr erstaunlich, dass in vielen Nahtoderfahrungen ein solches Phänomen beschrieben wird? Und zwar nicht nur in unserem Kulturkreis, sondern – wie wir bald sehen werden – in den verschiedensten Epochen und Kulturen der Menschheit! Ich bin überzeugt davon, dass das kein Zufall ist, denn dafür ist die Anzahl der inzwischen veröffentlichten Berichte über Nahtoderfahrungen viel zu groß. So schreibt z. B. der bekannte Sterbeforscher, Bernard Jakoby, in seinem Buch *Die Brücke zum Licht* [8]: „Nahtoderfahrungen sind heute ein Massenphänomen, weltweit kann von mindestens 50 Millionen Erfahrenen ausgegangen werden, in Deutschland sind es nach einer Studie der Universität Konstanz 3,3 Millionen Menschen mit derartigen Erfahrungen." Und weiter: „Dank der heutigen Intensivmedizin wurde es möglich, immer mehr Menschen aus dem klinischen Tod zurückzuholen. Nun begannen sich die Berichte von Nahtoderfahrungen zu häufen."

Somit haben wir es der heutigen Intensivmedizin zu verdanken, dass so viele Nahtoderfahrungen dokumentiert sind. Solche Berichte sind z. B. von Raymond Moody in seinem Weltbestseller *Leben nach dem Tod* gesammelt und ausgewertet worden [9]. Dabei zeigt sich, dass in den Nahtoderfahrungen häufig ein Tunnelerlebnis beschrieben wird, das in vielerlei Hinsicht einem „Lichttunnel" gleicht, der bei einer Bewegung mit extrem hoher Geschwindigkeit zu beobachten ist. Dieser Vergleich macht die Kernaussage der meisten Nahtoderfahrungen für uns wesentlich glaubwürdiger, dass nämlich unser Leben mit dem körperlichen Tod tatsächlich in eine andere Daseinsform übergehen wird.

Und mit genau diesem Stichwort – nämlich dem Begriff „glaubwürdiger" – kann ich das Anliegen vielleicht noch mehr präzisieren, das ich mit unserer gemeinsamen Reise durch Raum und Zeit verfolge: Wie wir nämlich noch feststellen werden, liefern heute sowohl die Natur- als auch die Geisteswissenschaften wichtige Argumente, dass das Leben nach dem Tod weitergeht. Solche Argumente sind aber zunächst auf einzelne Wissenschaften beschränkt. Erst im Dialog mit anderen Wissenschaften zeigen sich wichtige Entsprechungen, welche die Glaubwürdigkeit der einzelnen Argumente ganz wesentlich erhöhen. Aber schauen wir beide uns doch zunächst einmal meine fünf Indizien der Reihe nach an.

1. Indiz: Der Searchlight-Effekt

Wir steigen zunächst in ein materielles Raumschiff ein, das uns beide fast mit Lichtgeschwindigkeit fliegen lässt. Im Einklang mit der modernen Physik nehmen wir unsere Umgebung während dieses Fluges als eine Art Tunnel wahr, an dessen Ende ein helles Licht strahlt. In der speziellen Relativitätstheorie wird dieser Zusammenhang als *Searchlight-Effekt* bezeichnet. Erstaunlicherweise berichten sehr viele Menschen von einem ganz ähnlichen Erlebnis während einer Nahtoderfahrung.

2. Indiz: Die relativistische Massenzunahme

Die Lichtgeschwindigkeit selbst können wir mit unserem materiellen Raumschiff nicht erreichen, da die Materie – wie wir sehen werden – immer schwerer wird, je schneller sie sich bewegt. In der speziellen Relativitätstheorie wird dieser Effekt als *relativistische Massenzunahme* bezeichnet. Um eine Masse auf Lichtgeschwindigkeit zu beschleunigen, wäre eine unendlich hohe Energie erforderlich. Folglich können sich nur masselose Teilchen mit Lichtgeschwindigkeit fortbewegen, also z. B. auch eine immaterielle Seele. Die Lichtgeschwindigkeit stellt somit eine natürliche Grenze oder Barriere dar, die so interpretiert werden kann, dass alle materiellen Werte in der irdischen Welt zurückbleiben müssen und nur immaterielle Werte im Jenseits Bestand haben können.

3. Indiz: Die Zeitdilatation

Von der Erde aus betrachtet gehen alle Uhren in unserem Raumschiff immer langsamer, je mehr wir uns dem Grenzwert der Lichtgeschwindigkeit nähern. In der speziellen Relativitätstheorie wird dieser Effekt als *Zeitdilatation* bezeichnet. In dem Grenzfall einer Fortbewegung mit Lichtgeschwindigkeit würden solche Uhren – von der Erde aus betrachtet – ganz stehen bleiben. Für eine sich mit Lichtgeschwindigkeit ausbreitende Seele bedeutet dies, dass für sie – von der Erde aus betrachtet – die Zeit still steht. Ein derartiger Zustand ist vergleichbar mit der Ewigkeit im theologischen Sinne.

4. Indiz: Die Längenkontraktion

Vom Raumschiff aus betrachtet werden alle Lineale, die uns entgegenfliegen, in Flugrichtung immer kürzer, je mehr wir uns dem Grenzwert der Lichtgeschwindigkeit nähern. In der speziellen Relativitätstheorie wird dieser Effekt als *Längenkontraktion* bezeichnet. In dem Grenzfall einer Fortbewegung mit Lichtgeschwindigkeit würden solche Lineale in Flugrichtung auf die Länge null kontrahieren. Für eine sich mit Lichtgeschwindigkeit ausbreitende Seele bedeutet dies, dass für sie Distanzlosigkeit besteht zu jedem in ihrer Flugrichtung liegenden Ziel. Erstaunlicherweise berichten sehr viele Menschen, dass sie während einer Nahtoderfahrung ein gedachtes Ziel blitzartig erreicht haben.

5. Indiz: Der Welle-Teilchen-Dualismus

Die moderne Quantenphysik lehrt uns, dass das Licht sowohl Wellen- als auch Teilcheneigenschaften hat. Dieser Zusammenhang wird auch als *Welle-Teilchen-Dualismus* bezeichnet. Deshalb stellen wir uns nun vor, dass unsere masselose Seele nicht wie unser Raumschiff oder wie ein Teilchen nur in eine Richtung fliegen kann, sondern dass sie z. B. in Form einer Kugelwelle gleichmäßig im Raum zerfließt. Dann aber ist eine solche Seelenwelle allgegenwärtig, sobald sie sich mit Lichtgeschwindigkeit ausbreitet. Denn weil diese Seelenwelle durch ihr kugelförmiges Zerfließen den gesamten Raum durchdringt – also nicht nur in eine Richtung fliegt –, besteht für sie wegen des 4. Indizes Distanzlosigkeit zu *jedem* Ziel im Raum. Eine derartige Fähigkeit ist vergleichbar mit der Omnipräsenz im theologischen Sinne. Und die dabei realisierte Aufhebung von Raum und Zeit entspricht dem Jenseits im theologischen Sinne. Wenn der Welle-Teilchen-Dualismus auf die Seele zutrifft, dann indiziert er außerdem, dass sie sowohl kollektive (Welle) als auch individuelle (Teilchen) Aspekte hat.

Die diesen Indizien zugrunde liegenden Effekte (Searchlight-Effekt, relativistische Massenzunahme, Zeitdilatation, Längenkontraktion, Welle-Teilchen-Dualismus) sind naturwissenschaftlich bewiesene Tatsachen. Sie alle sind ganz im Einklang mit dem Weltbild der modernen Physik. Daran ist nichts zu rütteln! Daraus werden wir aber in diesem Buch die folgenden fünf Schlussfolgerungen axiomatisch ableiten, wobei wir meine zentrale Hypothese von Seite 19 jeweils als Axiom voraussetzen.

Searchlight-Effekt und zentrale Hypothese:
→ Vision eines Lichttunnels ist möglich.

Relativistische Massenzunahme und zentrale Hypothese:
→ Barriere für alles Materielle ist möglich.

Zeitdilatation und zentrale Hypothese:
→ Zeitlosigkeit ist möglich.

Längenkontraktion und zentrale Hypothese:
→ Distanzlosigkeit ist möglich.

Welle-Teilchen-Dualismus und zentrale Hypothese:
→ Kollektive und individuelle Aspekte sind möglich.

Dabei bleibt die in meiner zentralen Hypothese eingeführte Seele eine spekulative Größe. Wer aber diese Hypothese für sich selbst bejaht, kann dann hieraus und aus den fünf Indizien naturwissenschaftlich fundierte Entsprechungen von theologischen Begriffen wie Ewigkeit (Zeitlosigkeit), Omnipräsenz (Distanzlosigkeit) und Jenseits (Aufhebung von Raum und Zeit) ableiten.

In den folgenden fünf Kapiteln wollen wir beide nun diese fünf Indizien der Reihe nach diskutieren. Dabei werde ich dir zunächst den jeweils zugrunde liegenden Effekt mit einfachen Gedanken erläutern. Danach werden diejenigen Menschen zur Sprache kommen, die in ihrem Leben schon einmal eine Nahtoderfahrung gemacht haben und äußerst Spannendes darüber zu berichten haben. Am Ende eines jeden Kapitels wollen wir dann unsere Schlussfolgerung ziehen und nach theologischen Entsprechungen suchen.

Bist du mit dieser Vorgehensweise einverstanden? Dann wollen wir mal loslegen.

1. Indiz: Der Searchlight-Effekt

Licht strahlt am Ende des Tunnels.
(aus dem Bericht einer Nahtoderfahrung)

Prima! Du hast dich entschlossen, weiterzulesen, und bist jetzt mit dabei, wenn wir zum ersten Mal unser Raumschiff besteigen werden. Es wird ein ganz besonderes Raumschiff sein, denn es soll beinahe mit Lichtgeschwindigkeit fliegen können, also mit einer Geschwindigkeit von fast 1079252848,8 km/h. Um uns diesen riesigen Wert besser vorstellen zu können, wollen wir uns aber zunächst alltäglichere Geschwindigkeiten vor Augen führen (siehe Tabelle 1).

Eine Schnecke bewegt sich mit ca. drei Metern pro Stunde, also 0,003 km/h, vorwärts. Ein Baby krabbelt mit etwa 15 cm pro Sekunde, also ungefähr 0,5 km/h, auf dem Fußboden entlang. Ein Fußgänger geht mit ca. 5 km/h. Ein Radfahrer bewegt sich mit durchschnittlich 20 km/h. Ein Auto fährt in der Stadt ca. 50 km/h und auf der Autobahn ca. 130 km/h. Ein Rennwagen schafft ca. 300 km/h, ein Flugzeug ca. 1000 km/h und der Spaceshuttle sogar bis zu 28000 km/h. Aber selbst der Spaceshuttle ist immer noch fast vierzigtausendmal langsamer als die Lichtgeschwindigkeit! Die Lichtgeschwindigkeit ist eine Naturkonstante und wurde definiert auf den Wert 299792,458 km/s, also 1079252848,8 km/h. Hierbei handelt es sich um die maximal mögliche Transportgeschwindigkeit.

Tab. 1: Geschwindigkeitsüberblick

Beispiel	Geschwindigkeit
Schnecke	0,003 km/h
krabbelndes Kind	0,5 km/h
Fußgänger	5 km/h
Radfahrer	20 km/h
Auto in der Stadt	50 km/h
Auto auf der Autobahn	130 km/h
Rennwagen	300 km/h
Flugzeug	1000 km/h
Space Shuttle	28000 km/h
1 % von c	10792528,488 km/h
10 % von c	107925284,88 km/h
50 % von c	539626424,4 km/h
75 % von c	809439636,6 km/h
90 % von c	971327563,92 km/h
95 % von c	1025290206,36 km/h
99 % von c	1068460320,312 km/h
c	1079252848,8 km/h

Anmerkung: „c“ ist in der Physik das Symbol für die Lichtgeschwindigkeit. Näheres hierzu im Kapitel „c“.

Nun wollen wir uns zunächst an einen Effekt erinnern, der dir sicher aus dem Straßenverkehr bekannt ist. Dabei handelt es sich um den sog. *Doppler-Effekt.* Wir nehmen an, du bist zu Fuß in der Stadt unterwegs und ein Feuerwehrwagen begegnet dir. Solange er dir entgegenkommt – also auf dich zufährt – hörst du das „tatütata“ der Sirene in einer bestimmten Tonhöhe. Sobald aber der Feuerwehrwagen an dir vorbeifährt und sich dann von dir entfernt, sinkt die Tonhöhe des „tatütata“ merklich ab. Diesen Zusammenhang wollen wir uns jetzt mit einem Bild veranschaulichen (siehe Abbildung 1a).

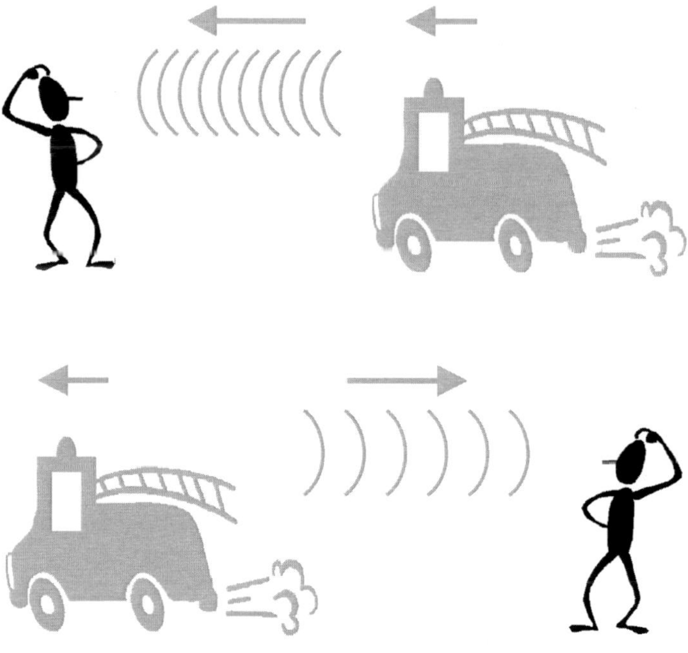

Abb. 1a: Der Doppler-Effekt für Schallwellen

Von der Sirene eines Feuerwehrwagens werden viele Schallwellen abgestrahlt, die in der Abbildung 1a als Kreisbögen dargestellt sind. Dass diese Schallwellen eine deutlich höhere Geschwindigkeit haben als der Feuerwehrwagen selbst, ist durch die unterschiedlichen Pfeillängen angedeutet. Vor dem Feuerwehrwagen wandern die Schallwellen in die gleiche Richtung wie die Sirene (Abbildung 1a oben: Schallwellen und Sirene nach links). Dies führt dazu, dass sich hier der Abstand zwischen zwei aufeinander folgenden Schallwellen verkürzt. Dagegen laufen hinter dem Fahrzeug die Schallwellen in die entgegengesetzte Richtung wie die Sirene (Abbildung 1a unten: Schallwellen nach rechts, Sirene nach links). Also wird dort der Abstand zwischen zwei aufeinander folgenden Schallwellen vergrößert. Mit diesem Abstand ist aber direkt die Tonhöhe verknüpft: Denn je kürzer der Abstand ist, um so höher erklingt die Sirene. Folglich nimmst du zunächst ein hohes „tatütata" wahr, das aber dann in ein hörbar niedrigeres „tatütata" umschlägt, sobald der Feuerwehrwagen an dir vorbeifährt.

Jetzt sind wir gut gerüstet, um unser Raumschiff zu besteigen. Ich selbst werde das Raumschiff zunächst durch unsere Innenstadt navigieren, während du die vorbeiziehenden Häuser betrachten kannst. Wenn jemand aus einem solchen Haus herausschaut, würde er vielleicht sagen: „Da kommt ein Raumschiff auf mich zugeflogen, aber mein Haus selbst steht still." Für uns im Raumschiff stellt sich die gleiche Situation aber ganz anders dar: Vom Raumschiff aus betrachtet befinden wir uns in Ruhe, und das Haus bewegt sich auf uns zu (siehe Abbildung 1b). Nach Albert Einstein sind diese beiden Bezugssysteme gleichwertig – vorausgesetzt, sie bewegen sich mit konstanter Geschwindigkeit relativ zueinander [2].

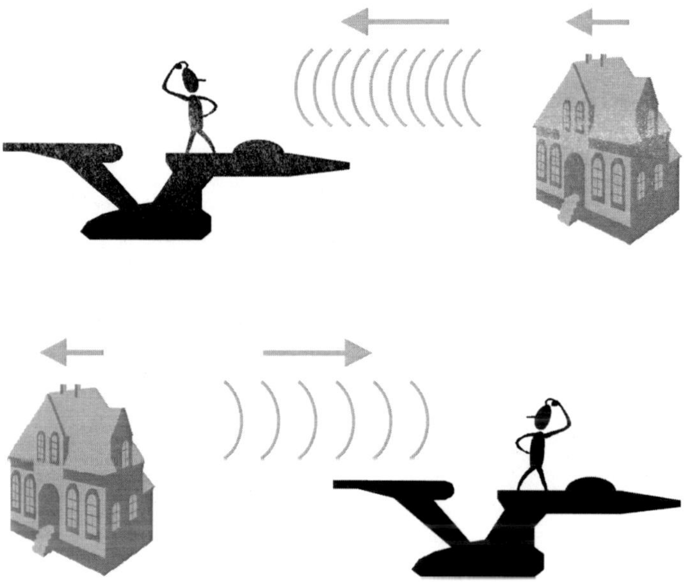

Abb. 1b: Der Doppler-Effekt für Lichtwellen

Wenn du nun aus unserem Raumschiff herausschaust, wirst du wieder einem Doppler-Effekt ausgesetzt sein, denn mit Lichtwellen verhält es sich ähnlich wie mit Schallwellen. Wenn sich ein Haus auf dich zu bewegt, sind die Abstände zwischen zwei aufeinander folgenden Lichtwellen verkürzt. Dieses Licht erscheint dir „kurzwelliger“, als es ausgesandt wird (Abbildung 1b oben). Wenn sich das Haus dagegen von dir entfernt, sind die Abstände zwischen den Wellen vergrößert. Für dich ist das Licht dann „langwelliger“ (Abbildung 1b unten). So wirkt sich der Doppler-Effekt aus.

Bei der Wahrnehmung von Lichtwellen wird aber der Doppler-Effekt noch ergänzt durch den sog. *Searchlight-Effekt* (auf Deutsch: Scheinwerfereffekt [3]). Er beruht u. a. auf der Aberration von Lichtstrahlen. Aberration bedeutet hier, dass die Lichtstrahlen bei einer schnellen Bewegung des jeweiligen Beobachters überwiegend von vorne kommen. Einen ähnlichen Effekt erlebst du, wenn du im Winter durch fallenden Schnee fährst: Einzelne Schneeflocken scheinen dann hauptsächlich von vorne zu kommen, obwohl sie bei Windstille gleichmäßig von oben nach unten sinken [10]. Abbildung 2 zeigt oben eine solche Szene im Ruhesystem eines unbeteiligten Fußgängers. Für ihn bewegen sich sowohl das Auto als auch die Schneeflocken. *In allen Abbildungen dieses Buches sind bewegte Objekte grau dargestellt!* Hingegen zeigt Abbildung 2 unten dieselbe Szene im Ruhesystem des Autofahrers. *In allen Abbildungen dieses Buches sind ruhende Objekte schwarz dargestellt!* Weil sich der Autofahrer in seinem eigenen Ruhesystem nicht bewegt, fallen die Schneeflocken für ihn entlang einer schrägen Bahn, die die gesamte Relativbewegung von Auto und Schneeflocken berücksichtigt. Dadurch treffen die Schneeflocken gebündelt – nämlich hauptsächlich von vorne – auf die Windschutzscheibe. Analog führt eine solche Aberration auch zu einer Bündelung von Lichtstrahlen, so dass alles heller erscheint, was sich auf uns zu bewegt. Dagegen sehen wir alles, was sich von uns entfernt, entsprechend dunkler.

Abb. 2: Fallende Schneeflocken

Der Searchlight-Effekt wird aber für uns erst dann wahrnehmbar, wenn wir mit unserem Raumschiff ordentlich Gas geben. Genau das werden wir jetzt tun! Bitte halte dich gut fest, denn ich werde jetzt unser Raumschiff von 0 km/h zuerst auf 75 % und dann nacheinander auf 95 % und 99 % der Lichtgeschwindigkeit beschleunigen (siehe Abbildungen 3a-d). Die Bilder zeigen jeweils unseren Blick aus dem Raumschiff nach vorn. Unsere Startrampe befindet sich mitten in der schönen Altstadt von Tübingen, und wir werden durch die Marktgasse mit ihren hübschen Fachwerkhäusern fliegen.

Abb. 3a: Blick aus unserem Raumschiff bei 0 km/h

Abb. 3b: Blick aus unserem Raumschiff bei 75 % von c

Abb. 3c: Blick aus unserem Raumschiff bei 95 % von c

Abb. 3d: Blick aus unserem Raumschiff bei 99 % von c

Na, wie hat dir der Geschwindigkeitsrausch gefallen? War er prickelnd für dich? Der Vollständigkeit halber möchte ich erwähnen, dass bei der Berechnung dieser Bilder die Szene mit ansteigender Geschwindigkeit immer stärker herangezoomt wurde. Denn andernfalls würden dir deine physischen Augen vortäuschen, dass du dich im Flug rückwärts bewegst, weil sie die betrachtete Szene um so kleiner abbilden würden, je schneller wir fliegen [11]. Die Zoomkorrektur lässt diese Bilder also in etwa so erscheinen, als seien sie fehlerfrei mit einem „geistigen Auge" aufgenommen.

Aber warum sind die vorbeiziehenden Häuser so merkwürdig verzerrt? Um dieses Phänomen zu verstehen, suchst du dir am besten in der Abbildung 3a eine beliebige senkrechte Linie von einer Hausfassade aus. Das Licht von den beiden Endstücken dieser Linie hat eine etwas längere Lichtlaufzeit zu uns als das Licht von der Linienmitte. Wenn wir nun fast mit Lichtgeschwindigkeit fliegen, bewirken die verschiedenen Lichtlaufzeiten, dass die beiden Endstücke perspektivisch in die Ferne rücken. Folglich krümmen sich alle senkrechten Linien aus Abbildung 3a um die Bildmitte der Abbildungen 3b-d herum. Und diese Krümmung ist um so stärker, je schneller wir fliegen.

Jetzt möchte ich dich aber darauf hinweisen, dass die Abbildungen 3a-d noch gar nicht vollständig sind, weil sie nämlich ohne Searchlight-Effekt berechnet wurden. Dies wollen wir jetzt nachholen, indem wir nochmals Gas geben und diesmal auch den Searchlight-Effekt berücksichtigen (siehe Abbildungen 4a-d).

Abb. 4a: Blick bei 0 km/h mit Searchlight-Effekt

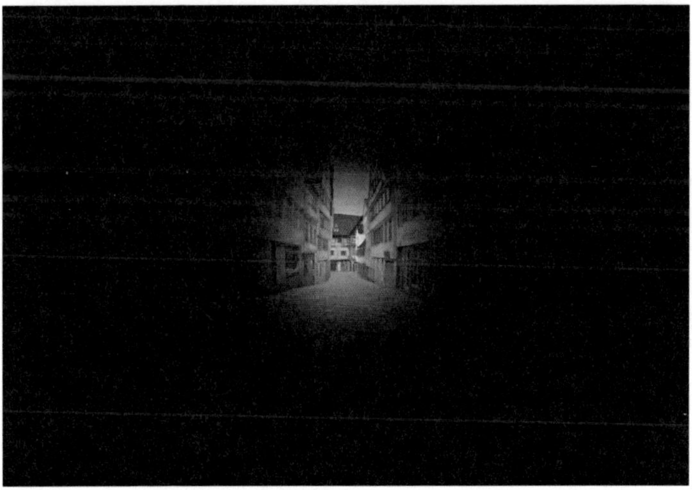

Abb. 4b: Blick bei 75 % von c mit Searchlight-Effekt

Abb. 4c: Blick bei 95 % von c mit Searchlight-Effekt

Abb. 4d: Blick bei 99 % von c mit Searchlight-Effekt

Und, wie hat dir nun dieser zweite Flug mit unserem Raumschiff gefallen? Sicher bist du überrascht, wie stark sich dieser Searchlight-Effekt bemerkbar macht. Lass uns doch nochmals kurz rekapitulieren, wie es zu dieser Helligkeitsempfindung in deinem Blickzentrum kommt: Weil wir mit den Abbildungen 4b-d genau in Flugrichtung schauen, bewegt sich alles sehr schnell auf uns zu, was sich im Blickzentrum befindet. Folglich erscheint die Bildmitte heller als der Rest des Bildes; und zwar um so heller, je schneller wir fliegen. Wir zischen zwar auch an den Häusern vorbei, die sich seitlich von unserem Raumschiff befinden. Aber weil sich diese Häuser nicht direkt auf uns zu bewegen, sondern nur seitlich an uns vorbeiziehen, ist der Searchlight-Effekt hier wesentlich kleiner [10]. Bei gleicher Skalierung des Searchlight-Effektes erscheint die in Abbildung 4a dargestellte Szene ganz schwarz. Wir beide nehmen also während unseres Fluges wahr, dass wir aus der Dunkelheit kommend wie durch eine Art Tunnel fliegen, dessen Wand ganz schwarz ist und an dessen Ende ein immer heller und größer werdendes Licht erstrahlt.

Das eigentlich Erstaunliche ist nun, dass sehr viele Menschen von einem ganz ähnlichen Erlebnis berichten, und zwar im Zusammenhang mit einer Nahtoderfahrung. So schreibt z. B. der Sterbeforscher Bernard Jakoby in seinem Buch *Die Brücke zum Licht*, dass die folgende Aussage stellvertretend für sehr viele Berichte steht: „Ich ging durch einen dunklen Tunnel. Je näher ich zu dem Tunnelausgang kam, desto heller wurde es.“ [12] Im gleichen Buch ist auch ein Kode zusammengestellt, der die Grundelemente der meisten Nahtoderfahrungen widerspiegelt. Zwei dieser Grundelemente sind die Tunnelerfahrung und die Begegnung mit dem Licht am Ende dieses Tunnels [13].

Deshalb wollen wir uns jetzt weitere Schilderungen zu dieser Thematik anhören. Das folgende Zitat stammt z. B. aus einem Interview, das der Psychotherapeut und Nahtod-Forscher Engelbert Winkler mit Hanna geführt hat, die mit 24 Jahren eine Nahtoderfahrung gemacht hat. Hanna berichtet von ihrer Nahtoderfahrung wie folgt: „Ich geriet in Bewegung. Ohne mein Zutun trieb es mich weiter in diese unheimliche Finsternis. Ich wurde schneller. Es war ein riesiger Tunnel, durch den es mich mit zunehmender Geschwindigkeit zog ... Wie eine Kugel durch den Lauf, so schoss ich durch diesen einzigartigen Korridor. Mehr lässt sich dazu nicht sagen. Dann sah ich das Licht. Winzig zuerst, dann immer größer begann es, das Zwielicht des Tunnels von innen heraus abzulösen.“ [14]

Aber auch schon Raymond Moody hat in seinem Buch *Leben nach dem Tod* zwei ähnliche Zitate festgehalten: „Auf einmal atmete ich nicht mehr – ich hatte einen Atemstillstand. Als Erstes – es ging alles unglaublich schnell – jagte ich mit Supergeschwindigkeit durch ein finsteres, schwarzes Vakuum. Man könnte es wohl mit einem Tunnel vergleichen, nehme ich an. Es kam mir vor wie auf dem Jahrmarkt Achterbahnfahren, so mit enormer Geschwindigkeit durch diesen Tunnel zu fegen.“ [15]

Und das andere Zitat aus der gleichen Quelle lautet: „Ich hörte die Ärzte noch sagen, ich sei tot – und von jenem Augenblick an hatte ich dann das Gefühl, durch Finsternis, eine Art eingegrenzten Raum, zu fallen oder eher vielleicht zu schweben. Das kann man nicht richtig beschreiben. Es war alles pechschwarz, nur ganz in der Ferne konnte ich dieses Licht sehen, dieses unglaublich helle Licht. Am Anfang schien es nicht sonderlich groß zu sein, doch wuchs es immer mehr an, je näher ich kam.“ [16]

Kenneth Ring und Evelyn Elsaesser-Valarino haben ein sehr empfehlenswertes Buch mit dem Titel *Im Angesicht des Lichts* geschrieben, in dem auch viele Nahtodberichte abgedruckt sind. In einem derartigen Bericht schildert Craig, nachdem er beinahe ertrunken wäre: „Ich spürte, wie ich mich durch eine dunkle Leere bewegte. Es war wie ein Tunnel, aber er war so dunkel, dass sein Durchmesser ebenso gut einen Meter wie auch Tausende von Kilometern hätte sein können. Ich schien immer schneller zu werden und mich auf einer absolut geraden Linie durch die Leere zu bewegen. Es fühlte sich an, als ob Wind über mein Gesicht strich. Es war aber kein wirklicher Wind, sondern nur die Wahrnehmung, die man hat, wenn einem der Wind ins Gesicht bläst. Ich hatte ein Gefühl, als würde ich mich mit Lichtgeschwindigkeit durch das Dunkel bewegen, und ganz weit weg, in der Ferne, sah ich einen kleinen Lichtpunkt, der allmählich größer zu werden schien; irgendwie wusste ich, dass das mein Ziel war. Ich eilte darauf zu, bis er zu einer riesigen Masse von wunderschönem leuchtendweißem Licht geworden war. Aber kurz bevor ich das Licht erreichte, hielt ich inne, weil ich plötzlich das Gefühl bekam, dass ich, wenn ich ihm zu nahe käme, meinen Weg zurück zur Erde nicht mehr finden würde, und ich glaube, ich hatte ein Gefühl, das man mit Heimweh vergleichen könnte. Ich saß also regungslos da, und auf einmal schien das Licht auf mich zuzuströmen, als wolle es die Distanz ausfüllen, die ich zu ihm gelassen hatte. Schon bald war ich vollkommen davon umgeben und bekam das Gefühl, als würde ich eins mit dem Licht. Es schien alles zu wissen, was man wissen kann, und es akzeptierte mich als einen Teil seiner selbst. Für einige Minuten hatte ich selbst das Gefühl, alles zu wissen. Alles schien plötzlich absolut sinnvoll zu sein. Die ganze Welt schien sich in völliger Harmonie zu befinden ... Es vermittelte mir das Gefühl, eine lange Reise zu machen und schließlich zu Hause anzukommen. Ich spürte, dass ich hier schon einmal gewesen war, vielleicht, bevor ich in diese Welt geboren wurde." [17]

Sehr aufschlussreich ist auch die folgende Schilderung: „Nach kurzer Zeit begann ich zu schweben ... Nach diesem Schwebezustand kam ich in einen Tunnel hinein. In diesem Tunnel stieg ich mit ungeheuerer Geschwindigkeit auf. Ich hatte dort große Angst, denn die Wände waren schwarz, und ich versuchte, sie überall zu berühren. Aber es gelang mir nicht, und ich stieg weiter wie mit Raketengeschwindigkeit auf. Während meiner Angst schaute ich um mich und entdeckte dabei oben in der Ferne einen weißen Punkt. Je weiter ich aufstieg, desto größer wurde dieser Lichtpunkt." [18]

Es liegen inzwischen unzählige Berichte vor, die das Tunnelerlebnis sehr detailliert darstellen. Selbst Kinder machen ähnliche Erfahrungen, wie es Melvin Morse in seinem Buch *Zum Licht* beschreibt. Darin berichtet der 16-jährige Dean: „Offenbar lag ich auf einem Tisch der Intensivstation. Plötzlich merkte ich, wie ich aufstand und durch einen sehr weiten Tunnel fuhr. Ich konnte keine

Wände erkennen, aber ich hatte das Gefühl, dass es ein Tunnel war. Die Geschwindigkeit, mit der ich mich fortbewegte, schien mir sehr hoch, obwohl mir kein Wind ins Gesicht blies. Ich wusste, dass ich irgendwo ankommen würde, aber ich wusste nicht wo. Ich wusste auch, dass mich am Ende des Tunnels etwas erwartete und wollte unbedingt dorthin. Ich sehnte mich nach nichts mehr als nach dem, was sich am Ende des Tunnels befand. Mein Körper war mir gleichgültig, mein Leben war mir gleichgültig. Alles, was ich wollte, war, an das Ende zu gelangen. An einer bestimmten Stelle im Tunnel blitzten plötzlich Lichter um mich herum auf. Durch sie erkannte ich, dass ich mich in einer Art Tunnel befand. Die Geschwindigkeit, mit der ich an ihnen vorbeischoss, lag bei mehreren hundert Meilen pro Stunde.“ [19]

Und die achtjährige June erzählt: „Ich erinnere mich nur noch daran, dass ... ich das Bewusstsein verlor. Danach spürte ich, wie ich aus meinem Körper glitt. Ich sah, dass ich unter Wasser lag, hatte aber keine Angst. Urplötzlich schritt ich einen Tunnel hinauf, und bevor ich mich versah, stand ich im Himmel. Ich wusste, dass dies der Himmel war, weil alle Dinge strahlten und alle Leute fröhlich waren.“ [20]

Nach diesen teils sehr eindrucksvollen Schilderungen wollen wir aber doch noch einer sehr wichtigen Frage nachgehen, die sich auch dir sicherlich aufdrängt: Wie können denn alle diese Menschen einen Tunnel oder ein Licht sehen, wenn sie doch klinisch tot sind? Ganz offensichtlich kann es sich nicht um ein Sehen mit unseren physischen Augen handeln, sondern eher um eine Art

„geistiges Sehen". Deshalb habe ich übrigens auch zuvor betont, dass die Abbildungen 3a-d und 4a-d mit einem „geistigen Auge" aufgenommen seien, welches ohne unser visuelles System auskommt.

Damit du den Vorgang des „geistigen Sehens" besser verstehst, möchte ich dir den folgenden, mich sehr nachdenklich stimmenden Fall zitieren, den Kenneth Ring beschreibt: „Maria erlitt eine schwere Herzattacke, als sie in Seattle Freunde besuchte. Sie wurde ins Harborview Hospital gebracht; dort hatte sie einige Tage später einen Herzstillstand, wurde jedoch rasch wiederbelebt. Am nächsten Tag wurde Kimberly Clark (ihre Sozialarbeiterin) gebeten, nach ihr zu sehen, und im Verlauf ihres Gesprächs erzählte Maria der Sozialarbeiterin von ihrer außerkörperlichen Erfahrung, die sie während des Herzstillstands gehabt hatte. Sie erwähnte die uns bereits bekannten Dinge, wie etwa, dass sie von der Decke aus zusah, wie das Ärzteteam sie behandelte. Clark, die von Nahtoderfahrungen gehört hatte, ihnen aber – wie auch in Marias Geschichte – skeptisch begegnete, hörte dem Bericht der Patientin mit vorgetäuschtem Interesse, doch offenbar einfühlsamem Respekt zu, wenngleich sie die Geschichte als absonderlich empfand. Innerlich, so gibt sie heute zu, wies sie das, was sie zu hören bekam, mit plausiblen Erklärungen von sich – bis Maria auf etwas äußerst Ungewöhnliches zu sprechen kam. Sie erzählte Clark, sie habe sich nicht damit begnügt, von der Decke hinunterzuschauen, sondern habe sich plötzlich außerhalb des Krankenhauses befunden. Besonders verwirrt habe sie ein Objekt auf dem Fenstersims auf der dritten Etage im Nordflügel des Gebäudes, und deshalb habe sie sich dort hinaufgedacht. Und als sie dort ankam, habe sie sich, so Clark, Auge in Auge mit einem Tennisschuh befunden, der auf dem Sims lag! Maria fuhr fort, diesen Schuh bis ins kleinste Detail zu beschreiben; unter anderem erwähnte sie, dass er an der Stelle der kleinen Zehe abgetragen und dass eines der Schuhbänder unter der Ferse eingeklemmt sei. Schließlich drängte sie Clark, doch bitte nachzusehen, ob sie diesen Schuh dort finden könne. Sie müsse doch unbedingt wissen, ob sie ihn wirklich gesehen habe ... Ich (Kenneth) kenne das Harborview Hospital persönlich und kann daher bestätigen, dass der Nordflügel des Gebäudes sehr schmal ist und im dritten Stock nur fünf Fenster aufweist. Als Clark dort eintraf, fand sie jedoch keinen Schuh – bis sie zu dem Fenster ganz in der Mitte kam, und dort, auf dem Sims und genauso, wie Maria es beschrieben hatte, lag der Tennisschuh.“ [21]

Diese Schilderung lässt – vorausgesetzt, wir glauben Kimberly Clark – überhaupt gar keinen Zweifel mehr daran, dass es außerkörperliche Erfahrungen gibt, während denen die Betroffenen wie mit einer Art „geistigem Auge“ ihre Umgebung wahrnehmen können.

Nun wollen wir noch am Ende dieses Kapitels die zitierten Nahtoderfahrungen mit unseren Erkenntnissen zu dem physikalischen Searchlight-Effekt vergleichen: Wenn sich eine Person fast mit Lichtgeschwindigkeit fortbewegt, beobachtet sie ähnlich wie auch in einer Nahtoderfahrung einen Tunnel mit einem hellen Licht an dessen Ende. Dieses Licht wird immer größer und heller, je näher die betreffende Person dem Tunnelende kommt. Die Übereinstimmung wird sogar zusätzlich noch dadurch verstärkt, dass vielen Nahtodberichten zufolge das Tunnelerlebnis mit dem Gefühl einer extrem hohen Geschwindigkeit verbunden ist.

Unsere Schlussfolgerung aus dem 1. Indiz:
Der Searchlight-Effekt bedeutet, dass eine fast mit Lichtgeschwindigkeit fliegende Person von vorn kommende Lichtstrahlen gebündelt wahrnimmt. Dies führt zur Vision eines Tunnels, an dessen Ende ein helles Licht strahlt. Wenn also meine zentrale Hypothese stimmt, dass unsere Seele mit dem Tod auf Lichtgeschwindigkeit beschleunigt wird, dann lässt sich mit dem Searchlight-Effekt ein wesentliches Element der Nahtoderfahrungen erklären – nämlich das Tunnelerlebnis.

2. Indiz: Die relativistische Massenzunahme

Materie bleibet hier zurück,
nur so dein Geist gelangt ins Glück.
(Lucy mit c)

In der klassischen Physik tauchen zwei Arten von Massen auf: die *träge Masse* und die *schwere Masse.* Zum einen ist die Masse ein Maß dafür, wie leicht sich der Bewegungszustand eines Körpers ändern lässt. Diesen Zusammenhang wollen wir beide uns zunächst an einem Bild veranschaulichen (siehe Abbildung 5).

In dieser Abbildung erkennst du einen schwebenden Astronauten, eine Maus und einen Elefanten. Das Bild will uns den folgenden physikalischen Zusammenhang vermitteln: Fliegen z. B. an einem schwerelosen Astronauten eine Maus und ein Elefant vorbei und gibt der Raumfahrer jedem der Tiere seitlich einen Stoß mit der gleichen Stärke, dann ändert daraufhin die Maus ihre Flugrichtung und Geschwindigkeit sehr stark, der Elefant dagegen kaum. Dieser Effekt ist durch die unterschiedlichen Längen und Richtungen der grauen Pfeile angedeutet. Er ist ein sicheres Zeichen dafür, dass die Masse der Maus wesentlich kleiner ist als die des Elefanten. Der Elefant reagiert wegen seiner größeren Masse wesentlich träger als die Maus. Diesem Phänomen liegt eine physikalische Größe zugrunde, die als träge Masse bezeichnet wird.

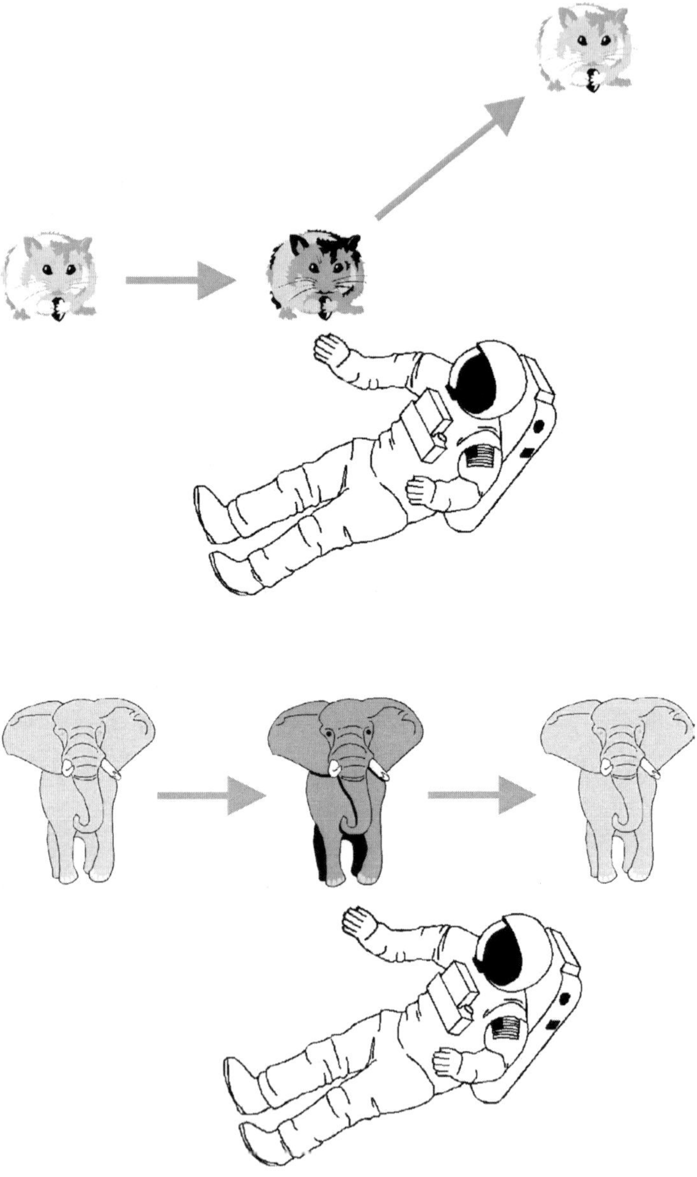

Abb. 5: Die träge Masse

Andererseits ist die Masse aber auch ein Maß für die Newtonsche Gravitation. So fällt z. B. ein reifer Apfel vom Apfelbaum zur Erde, weil er von der Schwerkraft unseres Planeten angezogen wird (siehe Abbildung 6). Genau genommen handelt es sich hierbei um eine gegenseitige Anziehungskraft, weil auch unsere Erde vom fallenden Apfel angezogen wird. Aber aufgrund der Massenunterschiede von Apfel und Erde ist nur die Bewegung des Apfels tatsächlich messbar. Diese Art von Masse wird in der Physik als schwere Masse bezeichnet. Eötvös hat im Jahr 1909 zum ersten Mal die Äquivalenz von träger und schwerer Masse bis auf eine Genauigkeit von einem Millionstel Prozent nachgewiesen [22].

Abb. 6: Die schwere Masse

Auch in der speziellen Relativitätstheorie können wir eine Masse definieren, die ein Maß dafür darstellt, wie stark sich der Körper unseren Versuchen widersetzt, seinen momentanen Bewegungszustand zu ändern. Diese sog. *relativistische Masse* ist allerdings davon abhängig, wie schnell sich der betreffende Körper gegenüber dem Beobachter bewegt. Den kleinsten Wert hat die relativistische Masse eines gegebenen Körpers für einen Beobachter, der sich relativ zu diesem Körper in Ruhe befindet. Dies ist die sog. *Ruhemasse* des Körpers.

Die spezielle Relativitätstheorie besagt nun, dass es um so schwieriger ist, den jeweiligen Bewegungszustand eines Körpers zu ändern, je schneller sich dieser Körper bereits bewegt. Und diese Schwierigkeit wächst noch umso stärker an, je mehr sich die momentane Geschwindigkeit dieses Körpers der Lichtgeschwindigkeit nähert. Es ist sogar tatsächlich unmöglich, einen Körper ganz auf Lichtgeschwindigkeit zu beschleunigen: Denn je schneller dieser Körper bereits ist, umso mehr Energie muss aufgewendet werden, um seine Geschwindigkeit weiter zu steigern. Und ganz nahe der Lichtgeschwindigkeit wird dieser Effekt so stark, dass eine unendlich hohe Energie notwendig wäre, um dem Körper die dann immer noch fehlende Differenz an Geschwindigkeit zu verleihen.

Die relativistische Masse eines Körpers wird also auch definiert über den Widerstand gegenüber Änderungen seines Bewegungszustands. Aber im Gegensatz zur trägen Masse in der klassischen Physik ist diese relativistische Masse nicht konstant, sondern sie nimmt mit ansteigender Geschwindigkeit immer weiter zu. Dieser Effekt wird in der Physik als *relativistische Massenzunahme* bezeichnet. Mit Erreichen der Lichtgeschwindigkeit würde die Masse eines Körpers rein theoretisch den Wert „unendlich" annehmen.

In Tabelle 2 wollen wir beide uns veranschaulichen, wie schwer du für einen ruhenden Beobachter werden würdest, wenn sich unser Raumschiff immer mehr der Lichtgeschwindigkeit nähert. Nehmen wir mal an, du wiegst auf der Erde ca. 70 kg. Bei einem anderen Gewicht müsstest du die angegebenen Tabellenwerte prozentual entsprechend korrigieren. Bei uns alltäglichen Geschwindigkeiten von 100 km/h (z. B. im Auto) oder 1000 km/h (z. B. im Flugzeug) ist die relativistische Massenzunahme vernachlässigbar und daher für uns nicht wahrnehmbar. Erst ab ungefähr 10 % der Lichtgeschwindigkeit (also bei ca. 29979 km/s) würde eine gute Personenwaage die Massenzunahme registrieren. Bei 75 % der Lichtgeschwindigkeit würdest du schon etwas mehr als 100 kg wiegen. Und bei 90 % der Lichtgeschwindigkeit hätte sich dein Gewicht bereits mehr als verdoppelt, nämlich auf 161 kg. Danach wächst dein Gewicht rasend schnell. Bei 99 % der Lichtgeschwindigkeit würdest du immerhin fast eine halbe Tonne auf die Waage stellen. Bei 99,99 % der Lichtgeschwindigkeit sogar schon beinahe 5 Tonnen. Dann bei 99,9999 % der Lichtgeschwindigkeit fast 50 Tonnen. Und falls du dich mit 99,999999 % der Lichtgeschwindigkeit bewegst, sage und schreibe fast 500 Tonnen!

Tab. 2: Relativistische Massenzunahme

Geschwindigkeit des Raumschiffs	dein Körpergewicht für einen ruhenden Beobachter
0 km/h	70 kg
100 km/h	ca. 70,0000000000003 kg
1000 km/h	ca. 70,00000000003 kg
10000 km/h	ca. 70,000000003 kg
1 % von c	ca. 70,0035 kg
10 % von c	ca. 70,35 kg
25 % von c	ca. 72,3 kg
50 % von c	ca. 80,8 kg
75 % von c	ca. 106 kg
90 % von c	ca. 161 kg
95 % von c	ca. 224 kg
99 % von c	ca. 496 kg
99,9 % von c	ca. 1570 kg
99,99 % von c	ca. 4950 kg
99,999 % von c	ca. 15700 kg
99,9999 % von c	ca. 49500 kg
99,99999 % von c	ca. 157000 kg
99,999999 % von c	ca. 495000 kg

Lass uns beide noch ein wenig die Werte der Tabelle 2 diskutieren, um eine bessere Vorstellung von der relativistischen Massenzunahme zu erhalten. Der Wert 99,99999 % von c entspricht dabei einer Geschwindigkeit von ca. 299792,428 km/s, und der Wert 99,999999 % von c entspricht einer Geschwindigkeit von ca. 299792,455 km/s. Aus den letzten beiden Zeilen der Tabelle 2 folgt dann unmittelbar, dass für eine lächerliche Geschwindigkeitssteigerung von nur noch ca. 0,027 km/s (nämlich von 299792,428 km/s auf 299792,455 km/s) dein Gewicht um ca. 495000 kg minus 157000 kg, also um ca. 338 Tonnen zunehmen würde! Dieser Wert lässt uns erahnen, wie stark sich die Masse unseres eigenen Körpers einer immer weiter ansteigenden Geschwindigkeit widersetzt.

Wie bereits erwähnt, würde die Masse eines Körpers mit Erreichen der Lichtgeschwindigkeit theoretisch den Wert „unendlich“ annehmen. Folglich werden wir beide mit unserem materiellen Raumschiff niemals Lichtgeschwindigkeit erreichen können. Nur Teilchen, die eine Ruhemasse von null haben, können sich mit Lichtgeschwindigkeit ausbreiten. Die Physiker streiten sich übrigens noch heute darüber, ob das Lichtteilchen selbst – also ein einzelnes Photon – tatsächlich eine Ruhemasse von null hat oder nicht. Jun Luo und sein Team haben nachgewiesen, dass die Ruhemasse des Photons kleiner als 10^{-51} Gramm sein muss – also ein Wert mit 51 Nullen hinter dem Komma [23]! Deshalb „glaubt“ die Mehrheit der Physiker, dass das Photon tatsächlich eine Ruhemasse von null hat, auch wenn es nicht tatsächlich nachgewiesen ist. Interessant ist in diesem Zusammenhang, dass auch Physiker manchmal etwas „glauben“ müssen. Der Glaube ist also nicht nur auf Religionen beschränkt. Es gibt durchaus auch in den Naturwissenschaften einzelne Gegebenheiten, die von den Wissenschaftlern geglaubt werden müssen.

Wir können sogar noch einen Schritt weitergehen und feststellen, dass jene Teilchen – die eine Ruhemasse von null haben (wie z. B. Photonen, Neutrinos oder Gravitonen) – sich nicht nur mit Lichtgeschwindigkeit ausbreiten können, sondern müssen! Denn erst durch die Bewegung mit Lichtgeschwindigkeit besitzen diese Teilchen eine relativistische Masse, die größer ist als null. Folglich haben sie – gemäß Einsteins berühmter Äquivalenz von relativistischer Masse und Energie – auch erst dann einen Energieinhalt, der die notwendige Voraussetzung ist für ihre Existenz. Wenn diese Teilchen nur etwas langsamer fliegen würden als die Lichtgeschwindigkeit, hätten sie keine relativistische Masse und somit auch keinen Energieinhalt.

Ein Photon würde also sofort aufhören zu existieren, wenn wir es abbremsen oder gar anhalten könnten. Wenn wir einzelne Photonen mit einem Detektor nachweisen wollen, geben sie ihre Energie an diesen Detektor ab. Der einfachste Detektor für Licht ist ein Blatt Papier. Zum Beispiel brauchst du das Licht von Photonen, um dieses Buch lesen zu können. Jede Seite dieses Buches stellt also einen Detektor für Photonen dar. Die Photonen werden vom Papier bzw. von der Netzhaut deiner Augen absorbiert. Mit dieser Absorption übertragen sie ihre Energie, und sie hören auf zu existieren.

Die Tabelle 2 zeigt auch, dass die relativistische Masse etwas Dynamisches ist. Sie ist nicht eine Konstante wie die träge Masse oder die schwere Masse in der klassischen Physik. Sondern die relativistische Masse eines betrachteten Körpers ändert ihren Wert je nach Bewegungszustand des Beobachters. Folglich ist in der speziellen Relativitätstheorie eine Massenangabe kein absoluter oder objektiver Wert, sondern ein subjektiver – also auf den jeweiligen Beobachter bezogener – Wert. Wir werden in den beiden folgenden Kapiteln sehen, dass auch andere Messgrößen – wie z. B. eine Zeitdauer oder eine Längenangabe – keine absoluten Werte in der speziellen Relativitätstheorie sind.

Zunächst wollen wir jedoch noch ganz kurz darüber nachdenken, welche philosophischen Konsequenzen es hat, dass die Masse eines Körpers mit Erreichen der Lichtgeschwindigkeit unendlich schwer werden würde. Es bedeutet doch, dass die Lichtgeschwindigkeit eine von der Natur selbst gegebene – also eine natürliche – Grenze oder Barriere für die Bewegung jeder Masse darstellt. Oder anders formuliert: Die relativistische Massenzunahme zwingt alles Materielle in unserer Welt dazu, entweder in Ruhe zu verharren oder sich mit einer Geschwindigkeit zu bewegen, die kleiner ist als die Lichtgeschwindigkeit.

Die Betonung liegt im letzten Satz auf den Worten „alles Materielle". Denn alles, was keine Ruhemasse aufweist, darf sich nach den Gesetzen der speziellen Relativitätstheorie durchaus mit Lichtgeschwindigkeit bewegen – wie z. B. das Licht selbst. Immaterielles kann folglich etwas erreichen, das allem Materiellen in dieser Welt vorenthalten ist. Damit knüpfen wir an unser erstes Indiz an, dass nämlich eine immaterielle Seele auf Lichtgeschwindigkeit beschleunigt werden kann, was keinem noch so kleinen materiellen Körper vergönnt ist.

An dieser Stelle möchte ich dir einen Bericht von einer Nahtoderfahrung vorlesen, der dem Buch *Leben nach dem Tod* von Raymond Moody entnommen ist: „In einer Kurve verlor ich die Herrschaft über das Steuer, der Wagen geriet ins Schleudern und kam von der Straße ab. Ich weiß noch, dass ich den blauen Himmel sah und merkte, dass der Wagen auf den Graben zusteuerte. Im Augenblick, als das Ganze anfing, hatte ich mir noch gesagt – jetzt habe ich einen Unfall –, doch von da an hatte ich auf einmal überhaupt kein Gefühl für die Zeit mehr, und auch meine körperliche Realität ging verloren ... Mir schien es fast, als hätte mein Ich eine gewisse Dichte, aber keine Dichte im physikalischen Sinn, sondern eher in der Art von Wellen, glaube ich: Es hatte nichts Stoffliches an sich ... Mein neuer Körper hatte überhaupt kein Gewicht.“ [24] Dieser neue Körper ohne Gewicht ist die von uns bezeichnete immaterielle Seele. Diese Seele hat also keine Dichte im physikalischen Sinn, folglich auch keine Masse. Sehr interessant ist in diesem Zusammenhang, dass bei der Nahtoderfahrung die Seele wie eine Dichte in Form von Wellen empfunden wird. Darüber werden wir beide noch ausführlicher reflektieren, wenn wir später auf den Welle-Teilchen-Dualismus zu sprechen kommen.

Was aber bedeutet die relativistische Massenzunahme für das, was uns in unserem irdischen Leben wichtig ist, also für unsere Wertvorstellungen? Oder anders formuliert: Welche wichtigen Konsequenzen hat eine solche relativistische Massenzunahme, wenn unsere Seele bei ihrem

Übergang ins Jenseits tatsächlich bis auf Lichtgeschwindigkeit beschleunigt wird? Wir könnten dann doch im übertragenen Sinne annehmen: Die Lichtgeschwindigkeit stellt eine natürliche Grenze oder Barriere dar, die so interpretiert werden kann, dass alle materiellen Werte in der irdischen Welt zurückbleiben müssen und nur immaterielle Werte im Jenseits Bestand haben können. Oder noch prägnanter ausgedrückt: Nicht einmal ein einziges Gramm Gold kannst du mit ins Jenseits nehmen, weil sein Gewicht unendlich schwer werden würde, sobald es Lichtgeschwindigkeit erreicht. Im Hinblick auf das Jenseits wäre somit alles Streben nach materiellem Reichtum ein sinnloses Unterfangen, weil es die Natur selbst ist, die uns die Begrenztheit des Materiellen lehrt.

Hierzu erzählt Craig, der uns schon im letzten Kapitel begegnet ist, als er über sein Tunnelerlebnis gesprochen hat: „Diese Erfahrung veränderte mein Leben in vielfacher Hinsicht. Zum einen hatte ich überhaupt nicht mehr Angst vor dem Sterben. Ich weiß, dass ich nicht leiden möchte, aber ich weiß auch, dass der eigentliche Prozess des Sterbens nichts mit dem zu tun hat, was ich mir darunter vorstellte, und dass er wahrscheinlich die schönste und friedvollste Erfahrung war, die ich je gemacht habe. Ich weiß jetzt, dass unsere Zeit hier relativ kurz ist, und deswegen möchte ich mein Leben voll ausschöpfen. Ich habe erkannt, dass zu dem Wenigen, das wir Menschen bei unserem Tod mit uns nehmen können, die Liebe gehört und dass sie davon wahrscheinlich das Kostbarste ist. Das einzige, was einem Menschen nach dem Verlassen seines Körpers bleibt, ist Energie, Liebe, seine Persönlichkeit und sein Wissen. Sich in materialistischem Denken zu verstricken kommt mir vor wie eine enorme Verschwendung kostbarer Zeit. Es ist so schön, wenn ich die Vögel singen höre, dann geht es mir so gut. Bäumen und anderen Pflanzen und Lebewesen schenke ich heute mehr Beachtung als früher. Ich glaube, was mich im Leben glücklich macht, sind heute mehr die kleinen Dinge und nicht solche, die großen Geldwert besitzen. Überhaupt erscheint mir das ganze Leben heute viel komplexer und staunenswerter als je zuvor. Meiner Meinung nach ist unser Körper das größte Geschenk für uns Menschen, aber für die meisten ist er etwas völlig Selbstverständliches. Die meisten von uns gehen nicht in sich, um einmal festzustellen, welches Glück es bedeutet, einfach am Leben zu sein. Ich weiß, dass ich eine zweite Chance erhalten habe, und seitdem ist jeder Tag für mich um soviel kostbarer. Ich kann das Gefühl nicht mit Worten beschreiben, wenn ich morgens aufwache, die Sonne scheint in mein Fenster, und ein neuer Tag beginnt, der mir alle möglichen Gelegenheiten bietet, Neues zu erleben und daraus zu lernen. Ich weiß jetzt, dass uns alle nach diesem Leben ein neues, anderes erwartet und dass der Tod nicht das Ende ist, sondern einfach nur ein neuer Beginn.“ [25]

Diese Geringschätzung des materiellen Denkens im Anschluss an eine Nahtoderfahrung geht sogar so weit, dass dann selbst der eigene Körper als zweitrangig empfunden wird, wie es der folgende Bericht sehr klar ausdrückt: „In dem Augenblick war das Bewusstsein von meinem Geist größer als das von meinem Körper. Der Geist war das Wichtigste und nicht das Aussehen des Körpers. Vorher war es in meinem ganzen Leben immer genau umgekehrt gewesen. Ich hatte mich fast nur für den Körper interessiert, was mit meinem Geist passierte – nun ja, das passierte eben nun mal. Aber nach diesem Erlebnis wurde der Geist für mich das Interessantere, der Körper kam erst an zweiter Stelle – er war nur ein Ding, das meinen Geist umschlossen hielt.“ [26]

Ich habe ein kleines Gedicht geschrieben, dass ich dir an dieser Stelle gerne vorlesen möchte. Es fasst die Essenz dieses Kapitels nochmals schön zusammen:

Die Zeit, sie kommt und geht, oh weh,
ein jeder sagen muss ade.

Materie bleibet hier zurück,
nur so dein Geist gelangt ins Glück.

Sei klug und häuf‘ kein Gold dir an,
verzichten drauf fällt leichter dann.

Wirst geh'n den Weg allein für dich,
allein im Herz bleibt Platz für mich.

Unsere Schlussfolgerung aus dem 2. Indiz:
Die relativistische Massenzunahme bedeutet, dass Materie immer schwerer wird, je schneller sie sich bewegt. Keine Masse kann Lichtgeschwindigkeit erreichen, weil sie dabei unendlich schwer werden würde. Wenn also meine zentrale Hypothese stimmt, dass unsere Seele mit dem Tod auf Lichtgeschwindigkeit beschleunigt wird, dann muss die Seele masselos sein und kann folglich etwas – nämlich das Jenseits – erreichen, was allem Materiellen in dieser Welt vorenthalten ist.

3. Indiz: Die Zeitdilatation

Zeit ist, was verhindert,
dass alles auf einmal passiert.
(John A. Wheeler)

In der speziellen Relativitätstheorie verstehen wir unter dem Begriff *Zeitdilatation* (auf Deutsch: Zeitdehnung) die Tatsache, dass die Uhren in unserem fliegenden Raumschiff – von einem ruhenden Beobachter aus betrachtet – langsamer gehen als eine identische, aber ruhende Uhr des Beobachters. Dies ist eine universelle Eigenschaft der Zeit an sich, die nicht auf irgendwelche Unterschiede in den beteiligten Uhren zurückzuführen ist.

Möchtest du gerne noch mehr darüber erfahren? Dann betrachten wir doch einmal das leicht nachvollziehbare Gedankenexperiment einer Lichtuhr. Unter solch einer Lichtuhr wollen wir einen Apparat mit fester Länge verstehen, entlang der ein einzelnes Lichtteilchen hin und her pendeln kann (siehe Abbildung 7). In dieser schematischen Graphik sind die Abgrenzungen der Lichtuhr als dicke Balken dargestellt. Diese Balken können wir uns als zwei Spiegel vorstellen, die in einem festen Abstand zueinander fixiert sind. Jedes Mal, wenn das Lichtteilchen am unteren Spiegel reflektiert wird, macht es „Tick“, und eine Zeiteinheit (z. B. eine Sekunde) ist vergangen. Die linke Graphik zeigt die Lichtuhr vom Standpunkt eines Beobachters, der sich gegenüber der Lichtuhr in Ruhe befindet.

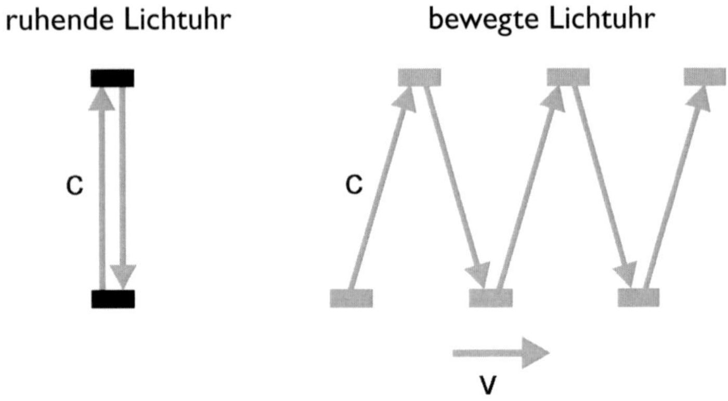

Abb. 7: Prinzip einer Lichtuhr

Wir wollen uns jetzt fragen, wie derselbe Prozess in einem bewegten Koordinatensystem aussieht, wobei die Bewegung quer zur Laufrichtung des einzelnen Lichtteilchens und mit der konstanten Geschwindigkeit v stattfinden soll. Für einen Beobachter in diesem neuen System bewegen sich dann die Spiegel der Lichtuhr mit der konstanten Geschwindigkeit v. Im bewegten System muss folglich das Lichtteilchen in unserer Uhr entlang von schrägen Bahnen laufen. Dies ist in der rechten Graphik dargestellt.

Die spezielle Relativitätstheorie besagt nun, dass die Lichtgeschwindigkeit im Ruhesystem der Lichtuhr und im bewegten Koordinatensystem den gleichen Wert hat, nämlich 299792,458 km/s. Dies bedeutet aber, dass in Abbildung 7 das Lichtteilchen in der ruhenden Uhr und das Lichtteilchen in der bewegten Uhr mit derselben Geschwindigkeit fliegen müssen. Die Wegstrecke zwischen den beiden Spiegeln ist jedoch für ein Lichtteilchen der bewegten Lichtuhr länger als für ein Lichtteilchen der ruhenden Lichtuhr. Folglich vergeht in der bewegten Lichtuhr eine größere Zeitspanne zwischen zwei aufeinander folgenden „Ticks" als bei der ruhenden Lichtuhr.

Auch wenn unsere Lichtuhr eine besondere Art von Uhr ist, so kann sie doch im Prinzip dazu verwendet werden, die Zeitdauer von beliebigen anderen Prozessen zu messen. Also ist dieser Effekt nicht auf Lichtuhren beschränkt, sondern betrifft den Zeitfluss in beiden Systemen ganz universell. Aus der Konstanz der Lichtgeschwindigkeit folgt also unmittelbar, dass bewegte Uhren – von einem ruhenden Beobachter aus betrachtet – langsamer gehen! In der speziellen Relativitätstheorie wird genau dieser Effekt als Zeitdilatation bezeichnet.

Übrigens, darf ich dich daran erinnern, dass wir immer noch mit unserem Raumschiff fliegen? Als du das Kapitel über den Searchlight-Effekt gelesen hast, sind wir mit unserem Raumschiff gestartet. Nehmen wir doch mal an, dass du dieses Buch ins Raumschiff mitgenommen hast und jetzt während unseres Fluges liest. Wie viel Zeit dann wohl inzwischen auf der Erde vergangen ist, seit wir gestartet sind? Der Einfachheit halber gehen wir davon aus, dass du seitdem ungefähr eine Stunde zum Lesen gebraucht hast. Dies bedeutet, dass für uns im Raumschiff eine Stunde vergangen ist. Tabelle 3 zeigt uns dann, wie viel Zeit inzwischen auf der Erde vergangen ist in Abhängigkeit von der Geschwindigkeit unseres Raumschiffs.

Tab. 3: Zeitdilatation

Geschwindigkeit des Raumschiffs	Zeit, die auf der Erde während einer Raumschiffstunde vergeht
0 km/h	1 Stunde
100 km/h	ca. 1 Stunde und 0,02 Milliardstel Sekunden
1000 km/h	ca. 1 Stunde und 2 Milliardstel Sekunden
10000 km/h	ca. 1 Stunde und 0,2 Millionstel Sekunden
1 % von c	ca. 1 Stunde und 0,18 Sekunden
10 % von c	ca. 1 Stunde und 18 Sekunden
25 % von c	ca. 1 Stunde und 2 Minuten
50 % von c	ca. 1 Stunde und 9 Minuten
75 % von c	ca. 1 Stunde und 31 Minuten
90 % von c	ca. 2 Stunden und 18 Minuten
95 % von c	ca. 3 Stunden und 12 Minuten
99 % von c	ca. 7 Stunden und 5 Minuten
99,9 % von c	ca. 1 Tag
99,99 % von c	ca. 3 Tage
99,999 % von c	ca. 9 Tage
99,9999 % von c	ca. 1 Monat
99,99999 % von c	ca. 3 Monate
99,999999 % von c	ca. 1 Jahr

Wenn unser Raumschiff mit 100 km/h, mit 1000 km/h oder gar mit 10000 km/h unterwegs ist, so ist der Zeitunterschied zwischen Raumschiff und Erde nach Tabelle 3 noch kaum messbar. Wenn unser Raumschiff dagegen mit 10 % der Lichtgeschwindigkeit fliegt, so gehen die Uhren in dem Raumschiff – von der Erde aus betrachtet – bereits um 18 Sekunden nach. Dieser Zeitunterschied wird immer größer, je schneller sich unser Raumschiff bewegt. Fliegen wir z. B. mit 99,999999 % der Lichtgeschwindigkeit, dann sind alle deine Freunde auf der Erde ein Jahr älter geworden, während du nur eine Stunde mit Lesen verbracht hast! Verglichen mit deinen Freunden bist du beim Lesen folglich ein Jahr jünger geworden. Genau genommen gilt dieser Vergleich aber nur, wenn du beim Lesen keine Beschleunigung erfahren hast, also wenn deine Beschleunigung bereits vor dieser einen Lesestunde stattgefunden hat. Wir müssen diesbezüglich sehr vorsichtig sein, denn die spezielle Relativitätstheorie gilt nur für zueinander unbeschleunigt bewegte Bezugssysteme. Ihre Aussagen gelten folglich nicht für die Phasen, in denen unser Raumschiff gegenüber der Erde beschleunigt [27]. Wenn wir uns aber eine schrittweise Beschleunigung vorstellen (so wie in den Abbildungen 3a-d und 4a-d im Kapitel über den Searchlight-Effekt), dann gilt die spezielle Relativitätstheorie für diejenigen Phasen, in denen wir mit konstanter Geschwindigkeit fliegen. Wenn wir folglich in diesem Buch über die „Beschleunigung der Seele auf Lichtgeschwindigkeit“ sprechen, dann beziehen wir uns dabei immer nur auf die Phasen konstanter Geschwindigkeit zwischen den einzelnen Beschleunigungsphasen.

Wirklich schade, dass wir mit unserem Raumschiff nicht mit Lichtgeschwindigkeit fliegen können. Denn dann würde unsere Zeit – von der Erde aus betrachtet – still stehen. Im Grunde bräuchtest du also nur auf ein vorbeifliegendes Photon zu hüpfen, und schon steht deine Zeit – von der Erde aus betrachtet – still. Für ein Photon vergeht nämlich keine Zeit. Davon können wir uns leicht folgendermaßen überzeugen: Nehmen wir an, du hüpfst irgendwo im Weltraum auf ein Photon, fliegst damit zur Erde (siehe Abbildung 8) und sendest jede Sekunde ein Funksignal zur Erde, um zu demonstrieren, dass deine Zeit weiterläuft. Da sich aber dieses Photon bereits mit der maximal möglichen Geschwindigkeit fortbewegt, kommen alle deine Funksignale gleichzeitig mit dir und dem Photon auf der Erde an. Deshalb habe ich auch absichtlich keine Funkwellen in diese Abbildung eingetragen. Ein Beobachter auf der Erde denkt folglich, dass gar keine Zeit zwischen „deinen" einzelnen Sekunden vergangen ist. Er muss also zu dem Schluss kommen, dass die Zeit im System des Photons gar nicht weitergelaufen ist und dass sie deshalb dort still steht.

Abb. 8: Ein Photon fliegt zur Erde

Dieser Sachverhalt darf dir zunächst noch etwas fremd und merkwürdig erscheinen. Um solche Gedanken aber auch mit konkreten Zahlen zu füttern, wollen wir sie nun ganz analog auch auf das Sonnenlicht anwenden, welches uns auf der Erde erreicht. Für eine ruhende Uhr auf unserer Erde braucht dieses Licht ungefähr acht Minuten, um die Entfernung von ca. 150 Millionen km zwischen Sonne und Erde zurückzulegen. Könntest du nun aber auf ein solches Sonnenphoton hüpfen und jede Sekunde ein Funksignal zur Erde senden, so würde ein Beobachter auf der Erde wieder zu dem gleichen Schluss kommen, dass nämlich auf deiner bewegten Uhr gar keine Zeit vergeht.

Wir können das eben Gesagte auch verallgemeinern wie folgt: Von der Erde aus betrachtet vergeht für alles, was sich mit Lichtgeschwindigkeit fortbewegt, keine Zeit. Folglich auch für eine sich mit Lichtgeschwindigkeit ausbreitende Seele. Wenn also unsere Seele tatsächlich mit dem körperlichen Tod auf Lichtgeschwindigkeit beschleunigt wird, steht für die Seele – von der Erde aus betrachtet – die Zeit still. Die Theologie hat einen Begriff geprägt, der genau diesen Zustand beschreibt: die Ewigkeit.

Deshalb wollen wir auch an dieser Stelle nochmals denjenigen Menschen zuhören, die in ihrem Leben schon einmal eine Nahtoderfahrung gemacht haben und äußerst Spannendes über ihre dabei empfundene Zeitwahrnehmung zu berichten haben. So erzählt z. B. Hanna, die wir beide bereits im Kapitel über den Searchlight-Effekt kennen gelernt haben, in eben jenem Interview mit Engelbert Winkler: „Als ich schließlich in atemberaubendem Tempo durch diesen Tunnel raste, hatte ich jedes Gefühl für Raum und Zeit verloren. Waren es Minuten, Tage, Jahre, die ich unterwegs war? Hatte ich überschaubare Distanzen oder Lichtjahre zurückgelegt? Ich vermochte es nicht zu bestimmen. Mir fehlte jeder Anhaltspunkt. Und es machte keinen Unterschied ... Ich begriff, dass ich mich in einem Zustand erhöhter Bewusstheit befand, in einer Dimension, in der es weder Raum noch Zeit gab. Ich weiß, das hört sich verrückt an, aber irgendwie hatten Raum und Zeit aufgehört zu existieren. Ich war viel zu schnell. Es war, als hätte ich Raum und Zeit selbst überholt ... Es gab sie überhaupt nicht mehr. Diese Kategorien standen mir nicht zur Verfügung." [14]

In vielen Berichten über Nahtoderfahrungen ist zu lesen, dass im Jenseits keine zeitliche Abfolge – also auch keine Zeit an sich – existiert, sondern dass alles auf einmal passiert. Ein schönes Beispiel hierfür ist das folgende Zitat: „Als ich mit 17 fast im Meer ertrank, sah ich mein ganzes Leben im Licht – aber anstatt als Abfolge von Ereignissen kam alles auf einmal. Damals lernte ich, dass die Zeit so, wie wir sie uns vorstellen, nicht existiert." [28]

Eine andere Person beschreibt ihre Nahtoderfahrung wie folgt: „Im Sommer nach meinem ersten Jahr im College hatte ich einen Job als Fernfahrer angenommen. Ich fuhr einen schweren Sattelschlepper. Damals hatte ich dauernd damit zu kämpfen, nicht hinterm Steuer einzuschlafen. Eines Morgens früh, als ich mit dem Laster wieder auf einer langen Fahrt unterwegs war, nickte ich ein. Das Letzte, was ich vor dem Eindösen noch mitbekam, war ein Verkehrsschild. Dann kam ein fürchterliches Schrammen, der rechte äußere Reifen platzte, und durch das Gewicht und das Schwanken des Wagens platzten kurz darauf auch die Reifen an der linken Seite. Der Laster kippte um und rutschte die Straße entlang auf eine Brücke zu. Ich hatte Angst, denn es war vorauszusehen, dass der Laster die Brücke rammen würde. Während dieses Augenblicks, als der Wagen ins Rutschen kam, lief in Gedanken mein ganzes Leben vor mir ab. Ich sah nicht alles, nur die Höhepunkte. Es war vollkommen lebensecht ... Vermutlich dauerte es nicht länger als den Bruchteil einer Sekunde. Auf einmal jedoch war es vorbei, ich stand da, starrte auf den Lastwagen und dachte ich sei tot ... Der Laster war ein einziger Trümmerhaufen, während ich nicht einen Kratzer abbekommen hatte. Ich muss wohl vorne durch die Windschutzscheibe hinausgesprungen sein. Auf jeden Fall war das ganze Glas herausgebrochen. Als ich wieder etwas ruhiger war, dachte ich bei mir, wie seltsam es war, dass diese Ereignisse aus meinem Leben, die bleibenden Eindruck auf mich hinterlassen hatten, während dieses kritischen Augenblicks durch mein Bewusstsein gezogen waren. Wahrscheinlich könnte ich mir die ganzen Vorfälle schon noch einmal überlegen und sie mir erneut ins Gedächtnis und in die Vorstellung rufen, doch würde ich wohl mindestens eine Viertelstunde dazu brauchen. Damals waren sie jedoch alle auf einmal gekommen, ganz von selbst und in weniger als einer Sekunde. Es war wirklich erstaunlich.“ [29]

Abschließend will ich dir noch zwei Zitate vorlesen, welche die erlebte Zeitlosigkeit nochmals sehr deutlich zum Ausdruck bringen: „Was die Zeit anbelangt – es passierte alles in einem einzigen Augenblick. Die ganze Erfahrung geschah auf einmal, aber unsere begrenzte Sprache kann das nicht ausdrücken ... Es ist wie eine Explosion, alles ist da ... Ich konnte alles in einem einzigen Augenblick sehen." [30] In der Tat ist unsere Sprache sehr ungeeignet für die Beschreibung der Zeitlosigkeit. Denn die Sprache basiert u. a. auf den Substantiven und Verben, wobei jedes Verb immer nur im Zusammenhang mit den Tempora (Vergangenheit, Gegenwart, Zukunft) verwendet werden kann. Folglich setzt jedes Verb die Zeit voraus [31] und kann daher auch nur in der Zeit sinnvoll angewandt werden.

Und eine der Testpersonen in Pim van Lommels Studie (siehe hierzu auch den Anhang A2) erzählt: „Wenn ich mich zurückerinnere, kann ich nicht sagen, wie lange der Lebensrückblick gedauert hat. Er mag sehr lang gewesen sein, weil jedes Detail gezeigt wurde, doch gleichzeitig kam es mir wie Bruchteile von Sekunden vor. Ich nahm alles gleichzeitig wahr. Zeit und Raum schienen nicht länger zu existieren." [32]

Unsere Schlussfolgerung aus dem 3. Indiz:
Die Zeitdilatation bedeutet, dass bewegte Uhren langsamer gehen. In dem Grenzfall einer Fortbewegung mit Lichtgeschwindigkeit würden solche Uhren – von der Erde aus betrachtet – ganz stehen bleiben. Wenn also meine zentrale Hypothese stimmt, dass unsere Seele mit dem Tod auf Lichtgeschwindigkeit beschleunigt wird, dann befindet sich eine solche Seele in einem Zustand der Zeitlosigkeit – nämlich in der Ewigkeit.

4. Indiz: Die Längenkontraktion

Der Raum ist dem Ort,
was die Ewigkeit der Zeit ist.
(Joseph Joubert)

In der speziellen Relativitätstheorie verstehen wir unter dem Begriff *Längenkontraktion* (auf Deutsch: Längenverkürzung) die Tatsache, dass uns entgegenfliegende Lineale – von unserem Raumschiff aus betrachtet – in Flugrichtung kürzer sind als ein identisches, aber für uns ruhendes Lineal. Dies ist eine universelle Eigenschaft des Raumes an sich, die nicht auf irgendwelche Unterschiede in den beteiligten Linealen zurückzuführen ist.

Darf ich dich einladen, auch diesen Effekt mit einem leicht nachvollziehbaren Gedankenexperiment näher kennen zu lernen? Schön, dann nehmen wir einmal an, ein Lineal hat in seinem Ruhesystem die Länge L. Entlang dieses Lineals bewegt sich eine Uhr mit der konstanten Geschwindigkeit v nach rechts (siehe Abbildung 9). Die Bewegung der Uhr läuft nach dem folgenden Schema ab: Die Uhr kommt zunächst von links, trifft dann zuerst auf das linke Ende des Lineals – diese Begegnung nennen wir das Ereignis E1 – und bewegt sich dann entlang des Lineals, bis sie schließlich sein rechtes Ende erreicht – dies nennen wir das Ereignis E2.

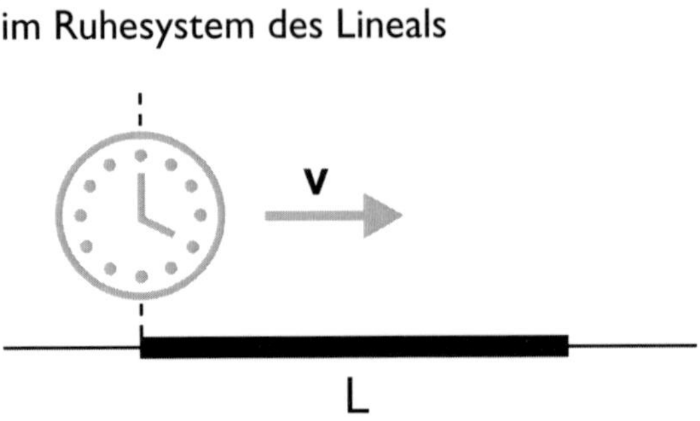

Abb. 9: Uhr bewegt sich im Ruhesystem des Lineals

Wir wollen uns jetzt fragen, wie lange die Uhr braucht, um sich am ganzen Lineal vorbeizubewegen. Diese Frage lässt sich auch so formulieren: Wie viel Zeit vergeht zwischen den Ereignissen E1 und E2? Dabei wollen wir dasjenige Zeitintervall, das im Ruhesystem des Lineals zwischen den Ereignissen E1 und E2 vergeht, mit Δt bezeichnen.

Betrachten wir nun das gleiche Experiment im Ruhesystem der Uhr. Dann bewegt sich das Lineal mit der konstanten Geschwindigkeit v auf die Uhr zu (siehe Abbildung 10). Im Kapitel über die Zeitdilatation haben wir bereits gelernt, dass die Uhr – im Ruhesystem des Lineals gemessen – langsamer geht als in ihrem eigenen Ruhesystem. Das im Ruhesystem der Uhr gemessene Zeitintervall $\Delta t'$ zwischen den Ereignissen E1 und E2 ist folglich kürzer als Δt. Daraus folgt aber sofort, dass die Länge L' des Lineals im Ruhesystem der Uhr kürzer als die Länge L in seinem eigenen Ruhesystem sein muss, damit das Lineal es schafft, sich an der Uhr in der zur Verfügung stehenden (kürzeren!) Zeit $\Delta t'$ vorbeizubewegen.

im Ruhesystem der Uhr

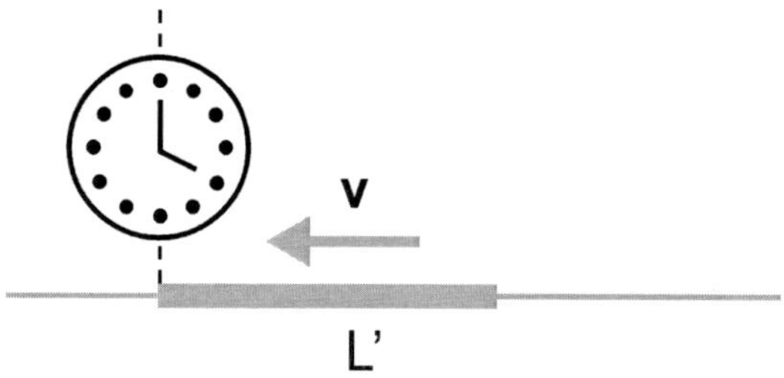

Abb. 10: Lineal bewegt sich im Ruhesystem der Uhr

Nun kann ein Lineal im Prinzip dazu verwendet werden, beliebige Längen zu vermessen. Also ist dieser Effekt nicht auf Lineale beschränkt, sondern betrifft die Längenausdehnung in beiden Systemen ganz universell. Wir können also feststellen, dass bewegte Längen – von einem ruhenden Beobachter aus betrachtet – in Bewegungsrichtung verkürzt sind! In der speziellen Relativitätstheorie wird genau dieser Effekt als Längenkontraktion bezeichnet.

Hierbei ist der Zusatz „in Bewegungsrichtung" sehr wichtig, denn die Kontraktion bezieht sich auch in unserem Experiment nur auf Längen, die parallel zur Flugrichtung gemessen werden. Wir wollen uns diesen Zusammenhang mit zwei Bildern veranschaulichen. Wenn du im oder auf dem Raumschiff stehst, während es fliegt, so kontrahiert – von der Erde aus betrachtet – deine Körperbreite (siehe Abbildung 11a). Wenn du dagegen in liegender Position fliegst (siehe Abbildung 11b), so kontrahiert – von der Erde aus betrachtet – deine Körpergröße. Es kontrahiert also jeweils nur die Länge, die parallel zur Bewegung ausgerichtet ist.

Abb. 11a: Kontraktion deiner Körperbreite

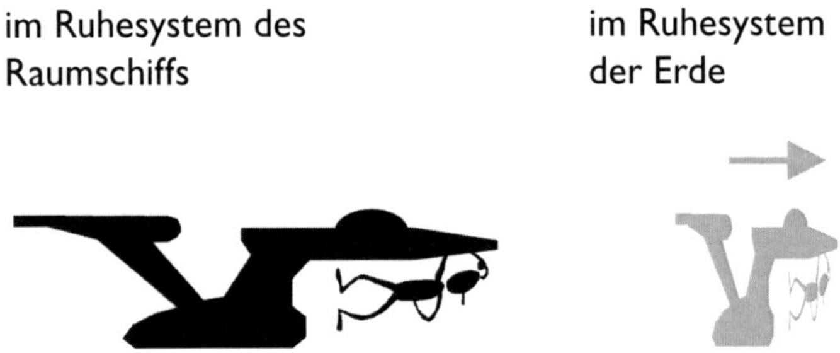

Abb. 11b: Kontraktion deiner Körpergröße

Außerdem können wir feststellen, dass Zeitdilatation und Längenkontraktion direkt miteinander verknüpft sind, denn wir haben in diesem Kapitel den Effekt der Längenkontraktion aus der Zeitdilatation abgeleitet. Wir können also zusammenfassen: Eben weil die Zeit in einem unbeschleunigt bewegten System für einen ruhenden Betrachter langsamer vergeht, erscheinen auch die Längen in Bewegungsrichtung entsprechend verkürzt. Erst das Zusammenspiel von Zeitdilatation und Längenkontraktion sorgt dafür, dass die beiden betrachteten Bezugssysteme tatsächlich gleichwertig sind. Und genau dies ist eine der Kernaussagen der speziellen Relativitätstheorie von Albert Einstein, der behauptet hat, dass alle zueinander unbeschleunigt bewegten Bezugssysteme gleichwertig sind [2].

Nun wollen wir aber doch einmal sehen, wie sich die Längenkontraktion in Zahlen bemerkbar macht. In Tabelle 4 ist dargestellt, wie stark deine Körpergröße für einen ruhenden Beobachter abnimmt, wenn wir jetzt mit unserem Raumschiff an ihm vorbeifliegen. Dabei gehen wir davon aus, dass du die etwas unbequemere Position entsprechend der Abbildung 11b einnimmst. Nehmen wir mal an, dass du in deinem Ruhesystem eine Körpergröße von 1,70 Metern hast. Bei einem anderen Wert müsstest du die angegebenen Tabellenwerte prozentual entsprechend korrigieren.

Wenn unser Raumschiff mit 100 km/h, mit 1000 km/h oder gar mit 10000 km/h unterwegs ist, so ist die Kontraktion deiner Körpergröße nach Tabelle 4 noch kaum messbar. Wenn unser Raumschiff dagegen mit 10 % der Lichtgeschwindigkeit fliegt, so ist deine Körpergröße – für den ruhenden Beobachter – bereits um einen ganzen Zentimeter verkürzt. Dieser Effekt wird immer größer, je schneller sich unser Raumschiff bewegt. Fliegen wir z. B. mit 99,999999 % der Lichtgeschwindigkeit, dann schrumpfst du für den ruhenden Beobachter auf lächerliche 0,24 mm zusammen! Allerdings sieht der Beobachter dich weiterhin in deiner vollen Breite.

Tab. 4: Längenkontraktion

Geschwindigkeit des Raumschiffs	deine Körpergröße für einen ruhenden Beobachter
0 km/h	1,70 m
100 km/h	ca. 1,699999999999993 m
1000 km/h	ca. 1,6999999999993 m
10000 km/h	ca. 1,69999999993 m
1 % von c	ca. 1,69991 m
10 % von c	ca. 1,69 m
25 % von c	ca. 1,65 m
50 % von c	ca. 1,47 m
75 % von c	ca. 1,12 m
90 % von c	ca. 74 cm
95 % von c	ca. 53 cm
99 % von c	ca. 24 cm
99,9 % von c	ca. 7,6 cm
99,99 % von c	ca. 2,4 cm
99,999 % von c	ca. 7,6 mm
99,9999 % von c	ca. 2,4 mm
99,99999 % von c	ca. 0,76 mm
99,999999 % von c	ca. 0,24 mm

Wirklich schade, dass wir mit unserem Raumschiff nicht mit Lichtgeschwindigkeit fliegen können. Denn dann würden – für uns im Raumschiff – alle Lineale, die uns entgegenfliegen, in Flugrichtung auf die Länge null kontrahieren. Im Grunde bräuchtest du also nur auf ein vorbeifliegendes Photon zu hüpfen, und schon besteht für dich Distanzlosigkeit zu jedem in deiner Flugrichtung liegenden Ziel.

Wir können das eben Gesagte auch verallgemeinern wie folgt: Für alles, was sich mit Lichtgeschwindigkeit fortbewegt, kontrahiert die Distanz zu jedem in der Flugrichtung liegenden Ziel auf den Wert null. Folglich auch für eine sich mit Lichtgeschwindigkeit ausbreitende Seele. Wenn also unsere Seele tatsächlich mit dem körperlichen Tod auf Lichtgeschwindigkeit beschleunigt wird, besteht für die Seele Distanzlosigkeit zu jedem in ihrer Flugrichtung liegenden Ziel. Erstaunlicherweise berichten sehr viele Menschen, dass sie während einer Nahtoderfahrung ein gedachtes Ziel blitzartig erreicht haben.

Deshalb wollen wir uns auch am Ende dieses Kapitels denjenigen Menschen widmen, die in ihrem Leben schon einmal eine Nahtoderfahrung gemacht haben und äußerst Spannendes über ihr dabei empfundenes Gefühl für Distanzen zu berichten haben. So erzählt die bereits bekannte Hanna: „Ich (konnte) sekundenschnell jeden beliebigen Ort erreichen ... Ich brauchte nur daran zu denken, im gleichen Augenblick war es geschehen. So dachte ich z. B. an einen vor kurzem beendeten Italienurlaub, schon war ich in Riccione ... Ich war dort weil ich auch mir bislang unbekannte Dinge gesehen und Plätze besucht habe, die ich im Urlaub nicht aufgesucht hatte ... Mir waren im Urlaub an diversen Werbeflächen immer wieder Hinweise auf eine große Freizeitanlage mit verschiedensten Wasserrutschen aufgefallen, welche die Bezeichnung Aquafan trug. Obwohl ich sie gern einmal besucht hätte, fand sich keine rechte Gelegenheit dazu. So verfügte ich über keine näheren Informationen bezüglich ihres Standortes. Wie ich mich dann aber über Riccione in die Lüfte erhob, sah ich das Aquafan nur wenige Kilometer im Hinterland an einem der Hügel in der Nähe der Autobahn. Ein Freund meines Bruders, dessen Familie schon mehrmals ihren Urlaub in jener Gegend verbracht hatte und der das Aquafan kannte, bestätigte später alle meine Angaben." [33]

Dass während einer Nahtoderfahrung zu einem fernen Ziel Distanzlosigkeit besteht, schildert auch der folgende eindrucksvolle Bericht: „Ich schwebte an die Decke, sah zu, wie die Ärzte hektisch versuchten, meinen Körper zu reanimieren. Doch ich fühlte mich wohl und lachte darüber. Während der OP konnte ich ins Nebenzimmer schweben und sehen, wie die Schwestern meine neugeborene Tochter badeten. Dann dachte ich an meinen damals neunjährigen Sohn, der mit seinem Chor auf Sylt war. Ich konnte beobachten, wie er zu Mittag aß, und ich spürte irgendwie, dass er mich noch braucht." [34] Spätere Gespräche zeigten, dass alles genauso war, wie es diese Person während ihrer Nahtoderfahrung gesehen hatte, obwohl doch ihr Körper die ganze Zeit auf dem OP-Tisch lag.

Und der uns bereits bekannte Craig schreibt in seinem Bericht zu diesem Thema: „Ich fühlte mich besser als je zuvor in meinem Leben. Ich hatte das Gefühl, als könne ich mich innerhalb eines Augenblicks an jeden Punkt des Universums begeben. Ich erinnere mich, dass ich an meine Familie dachte, und plötzlich befand sich meine Energie bei uns zu Hause im Hinterhof, wo sie über der Veranda schwebte und durch das Küchenfenster ins Haus hineinsah ... Als nächstes fand ich mich in einer Stadt über einer verkehrsreichen Straßenkreuzung schweben. Es war genau wie eine Szene, die ich bei einem Besuch in San Francisco gesehen hatte.“ [35]

Abschließend wollen wir noch einer anderen Person Gehör schenken, die den schwierigen Versuch wagt zu beschreiben, wie sich das Verschwinden von räumlichen Distanzen anfühlt: „Viele Menschen rannten um den Unfallwagen herum, und überhaupt war eine Menge los. Und jedes Mal, wenn ich den Blick auf eine bestimmte Person richtete, um herauszukriegen, was sie sich wohl so dachte, hatte ich ein Gefühl, als ob ich wie mit einem Zoom-Objektiv ganz dicht an sie heranfahren könnte, und schon war ich genau an der jeweiligen Stelle ... Wenn ich in einiger Entfernung jemanden sehen wollte, schien sich ein Teil von mir wie eine Art Fühler zu ihm hinzubewegen. Und mir kam es in dem Augenblick so vor, als ob ich überall in der Welt, wo immer auch etwas passieren mochte, zugegen sein könnte.“ [36] Mit diesem Zitat lässt sich auch sehr eindrucksvoll die auf Seite 36 erwähnte Zoomkorrektur rechtfertigen.

Unsere Schlussfolgerung aus dem 4. Indiz:
Die Längenkontraktion bedeutet, dass bewegte Lineale in Bewegungsrichtung verkürzt sind. In dem Grenzfall einer Fortbewegung mit Lichtgeschwindigkeit würden solche Lineale in Flugrichtung auf die Länge null kontrahieren.

Wenn also meine zentrale Hypothese stimmt, dass unsere Seele mit dem Tod auf Lichtgeschwindigkeit beschleunigt wird, dann besteht für eine solche Seele Distanzlosigkeit zu jedem in ihrer Flugrichtung liegenden Ziel.

5. Indiz: Der Welle-Teilchen-Dualismus

Der erste Trunk aus dem Becher der Naturwissenschaften macht atheistisch, aber auf dem Grund des Bechers wartet Gott.
(Werner Heisenberg)

Besteht Licht aus Teilchen oder ist es eine Welle? Viele Jahrhunderte lang stritten die Wissenschaftler über diese Frage. Das überraschende salomonische Urteil der Natur lautet: Licht ist beides. Dies wird in der modernen Physik mit dem Begriff *Welle-Teilchen-Dualismus* umschrieben. Darunter verstehen wir die wichtige Erkenntnis der Quantenphysik, dass einerseits Wellen (z. B. Lichtwellen) auch Teilchencharakter haben und andererseits Teilchen (z. B. Photonen) auch Wellencharakter haben. Es sind nämlich stets beide Eigenschaften vorhanden, nicht entweder die eine oder die andere. Erst der Beobachter bringt mit seiner Messung das Licht dazu, sich entweder als Welle oder aber als Teilchen zu offenbaren.

Um uns den Welle-Teilchen-Dualismus näher vor Augen zu führen, wollen wir beide nun zunächst eines der Schlüsselexperimente der Physik [37] analysieren, welches zuerst um das Jahr 1805 von Thomas Young durchgeführt wurde. Dieses Experiment galt damals und gilt auch heute noch als Beweis dafür, dass das Licht eine Welle sei. In diesem Zusammenhang sprechen wir auch von der Wellennatur des Lichts.

Das Kernstück dieses Experiments bildet ein sog. Doppelspalt. Darunter verstehen wir in der Physik eine Art Trennwand, in die zwei Spalte eingebracht sind (siehe Abbildung 12). Vor dieser Trennwand befindet sich eine Lichtquelle. Hinter der Trennwand wird auf einem Beobachtungsschirm das dort auftreffende Licht detektiert. Wenn beide Spalte offen sind, sehen wir auf dem Beobachtungsschirm helle und dunkle Streifen, sog. Interferenzstreifen. Dieses Ergebnis lässt sich folgendermaßen verstehen: Unsere Lichtquelle sendet elektromagnetische Wellen aus, die u. a. auch durch die beiden Spalte hindurchtreten. Hinter den Spalten können sich die Wellen dann wieder frei ausbreiten. Diese Wellen verstärken sich gegenseitig an manchen Stellen auf dem Beobachtungsschirm und löschen sich dafür an anderen Stellen gegenseitig aus. Ähnliches beobachten wir z. B. bei vielen Wasserwellen auf der Oberfläche eines Sees, die durch Überlagerung höhere und niedrigere Wellenzüge bilden können, als es eine einzelne Wasserwelle vermag. Daraus resultieren also die hellen und die dunklen Interferenzstreifen auf dem Beobachtungsschirm.

Etwa 100 Jahre später behaupten Max Planck [38] und Albert Einstein [39], dass gewisse Effekte existieren, die nur dann verstanden werden können, wenn wir das Licht als Teilchen betrachten. Ein einzelnes solches Photon hat so wenig Energie, dass wir es mit dem bloßen Auge nicht sehen können. Es gibt jedoch leistungsstarke Lichtdetektoren (sog. Photomultiplier), die beim Auftreffen eines einzelnen Photons einen elektrischen Puls abgeben, der dann gemessen werden kann. Wir stellen nun in unserem Experiment zwei solche Photomultiplier (PM1 und PM2) direkt hinter die beiden Spaltöffnungen (siehe Abbildung 13).

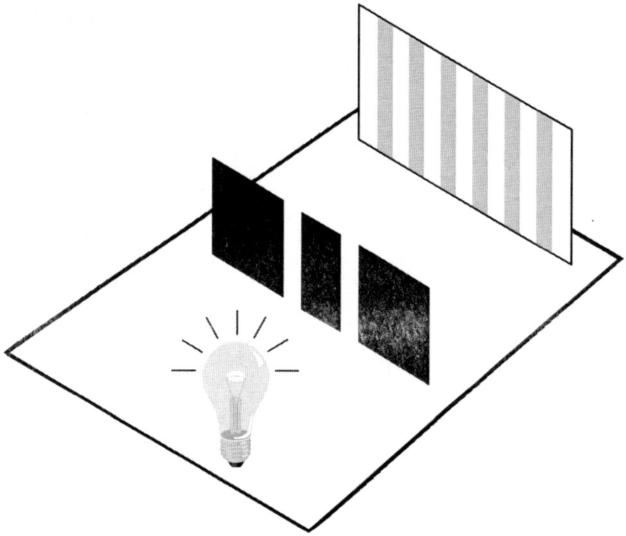

Abb. 12: Doppelspalt mit einem Beobachtungsschirm

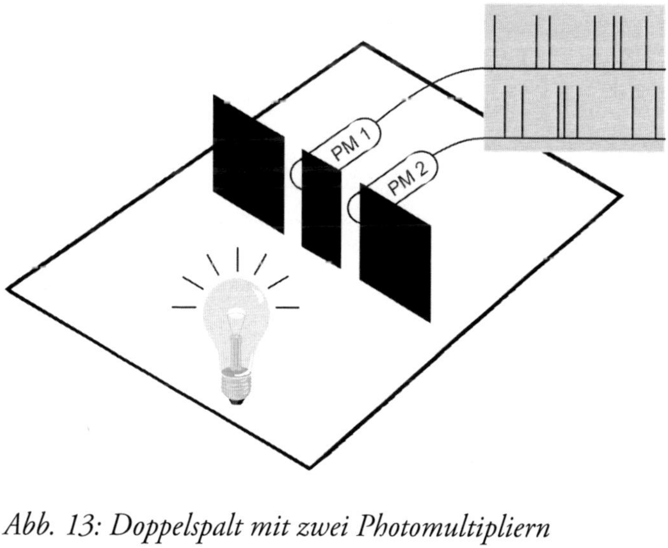

Abb. 13: Doppelspalt mit zwei Photomultipliern

Diese beiden Photomultiplier messen dann zwei völlig zufällige Signale, die nicht miteinander korreliert sind, die also keinen Bezug zueinander haben. Wenn wir das Licht für eine Welle im klassischen Sinne halten, so kommt dieser Befund unerwartet, denn beobachtbare Interferenzen treten sonst nur bei der Überlagerung von miteinander korrelierten Wellen auf. Folglich spricht die Zufallsverteilung der beiden Photomultipliersignale dafür, dass es sich beim Licht um einen Strahl von vielen Teilchen handelt, die in zufälliger Reihenfolge von beiden Photomultipliern registriert werden. Wir sprechen in diesem Zusammenhang auch von der Teilchennatur des Lichts.

Warum aber bezeichnen Physiker diese Eigenschaften des Lichts als einen „Dualismus"? Dazu wollen wir uns der folgenden interessanten Frage zuwenden, um die es in der Quantenphysik immer wieder geht: Wenn das Licht also auch eine Teilchennatur aufweist, durch welchen der beiden Spalte ist solch ein einzelnes Teilchen dann getreten, wenn wir im Youngschen Doppelspalt-Experiment ein Interferenzmuster auf dem Beobachtungsschirm sehen? Durch den linken Spalt oder aber durch den rechten Spalt? Denn eigentlich kann ja ein einzelnes Teilchen auch nur eine einzige Bahn verfolgt haben. Wenn es aber nur durch einen Spalt getreten ist, wie kann es dann beim Auftreffen auf dem Beobachtungsschirm Information darüber besitzen, dass beide Spalte offen sind? Denn wenn wir einen der beiden Spalte abdecken, verschwinden sofort die Interferenzstreifen. Es hat also den Anschein, als wäre das Licht eine Welle, wenn wir das Licht auf einem Beobachtungsschirm zur Interferenz kommen lassen. Und als wäre das Licht ein Strahl von Teilchen, wenn wir das Licht unmittelbar hinter den beiden Spaltöffnungen mit zwei Photomultipliern detektieren. Spielt das Licht etwa Katz und Maus mit uns?

Wohl kaum. Unsere beiden Doppelspalt-Experimente legen aber die folgende Vermutung nahe: Wenn wir das Licht für unsere Anschauung beschreiben wollen, müssen wir ihm eine Wellennatur und eine Teilchennatur zubilligen. Je nach Experiment werden wir aber entweder nur die eine oder nur die andere Eigenschaft beobachten. Diese Komplementarität von Welle und Teilchen wurde erstmals 1927 von Niels Bohr erkannt [40] und zählt heute zu den zentralen Grundpfeilern der modernen Quantenphysik. Sie ist übrigens nicht auf das Licht allein beschränkt, sondern gilt für alles in unserer Natur Beobachtbare.

Für unsere beiden Doppelspalt-Experimente heißt das: Es macht keinen Sinn, von einer Wellen- oder einer Teilcheneigenschaft zu reden unabhängig von einem Versuchsaufbau, in dem sich eine dieser Eigenschaften manifestiert. Erst wenn wir das Licht präparieren, z. B. mit dem Youngschen Doppelspalt-Experiment, können wir die Wellennatur des Lichts in Form von Interferenzstreifen beobachten. Oder aber wir registrieren die Teilchennatur des Lichts, indem wir es direkt hinter den beiden Spaltöffnungen mit zwei Photomultipliern detektieren. Erst durch unser Experiment bringen wir folglich das Licht dazu, sich entweder als Welle oder aber als Teilchen zu offenbaren.

Der Welle-Teilchen-Dualismus lehrt uns, dass wir die Ausbreitung des Lichts – je nach Experiment – in Form von Teilchen oder Wellen beschreiben müssen. Deshalb stellen wir uns nun vor, dass unsere masselose Seele nicht wie unser Raumschiff oder wie ein Teilchen nur in eine Richtung fliegen kann, sondern dass sie auch eine Wellennatur besitzt und z. B. in Form einer Kugelwelle gleichmäßig im Raum zerfließt. Dann aber ist eine solche Seelenwelle allgegenwärtig, sobald sie sich mit Lichtgeschwindigkeit ausbreitet. Denn weil diese Seelenwelle durch ihr kugelförmiges Zerfließen den gesamten Raum durchdringt – also nicht nur in eine Richtung fliegt –, besteht für sie wegen des 4. Indizes Distanzlosigkeit zu *jedem* Ziel im Raum. Die Theologie hat einen Begriff geprägt, der genau diese Fähigkeit – nämlich allgegenwärtig oder überall präsent sein zu können – beschreibt: die Omnipräsenz. Und die dabei realisierte Aufhebung von Raum und Zeit entspricht dem Jenseits im theologischen Sinne.

Sich gleichzeitig an zwei beliebigen Orten im Raum aufhalten: Das ist sogar möglich im Einklang mit den Naturwissenschaften! Die moderne Laserphysik kennt nämlich Teilchen, die sich in einem solchen Zustand der Nicht-Lokalität befinden: sog. „verschränkte" Photonen. Dabei handelt es sich um zwei identische Lichtteilchen, die in einem gemeinsamen Laserexperiment gezeugt werden. Das Bemerkenswerte an diesen „Zwillingen" ist, dass sie sich beide immer für denselben Weg entscheiden, wenn man ihnen die Entscheidung abverlangt, einen von zwei prinzipiell möglichen Pfaden auszuwählen. Ohne die Verschränktheit würde nun jedes Photon rein zufällig – also ganz unabhängig vom jeweils anderen Photon – einen der zwei möglichen Wege einschlagen. Die Verschränktheit zwingt beide Photonen allerdings, eine identische Entscheidung zu treffen und denselben Pfad zu wählen. Dabei spielt die Entfernung zwischen den beiden Lichtteilchen überhaupt keine Rolle, d. h. sie verhalten sich genauso, selbst wenn sie sich in einer beliebigen Distanz zueinander befinden! Verschränkte Photonen kommunizieren folglich zeitlos miteinander. Wären es zwei voneinander unabhängige Teilchen, dann wäre eine solche zeitlose Kommunikation wegen der endlichen Informationsgeschwindigkeit überhaupt nicht möglich. Wir müssen also die Gesamtheit beider Photonen als eine Art Superteilchen auffassen, das sich gleichzeitig an zwei ganz beliebigen Orten im Raum befindet. Die Nicht-Lokalität dieses Superteilchens ist folglich ein naturwissenschaftlicher Hinweis darauf, dass Omnipräsenz prinzipiell möglich ist – eine Fähigkeit, die auch einer mit Lichtgeschwindigkeit zerfließenden Seele zuteil werden kann.

Darf ich jetzt deinen allerersten Gedanken erraten? Wahrscheinlich denkst du jetzt, wie kann denn meine Seele überhaupt im Raum zerfließen? Wenn die Seele mein geistiges Ich darstellt, dann müsste die Seele doch etwas Individuelles – im Sinne von „Lokales" oder „Punktuelles" – sein. Wenn aber die Seele nun im Raum zerfließt, müsste sie dann nicht diese Eigenschaft der Lokalität aufgeben? Und folglich auch ihre Individualität? – So viel kann ich dir dazu sagen: Du bist mit deinem Gedanken nicht allein. Jeder von uns dürfte große Schwierigkeiten haben, sich eine derart zerfließende Seele vorzustellen. Dieses Problem liegt begründet in unserer durch Raum und Zeit geprägten Erkenntnisfähigkeit. Weil wir nur in den Begriffen von Raum und Zeit denken können (siehe hierzu auch das fünfte Experiment im Kapitel „Deine Experimente"), können wir uns die Kombination einer kugelförmig zerfließenden und dennoch individuellen Seele nicht gedanklich vorstellen. Wir können aber daran glauben, weil es eine nahe liegende Vermutung ist.

Deshalb wollen wir jetzt nochmals auf Glaubensfragen innerhalb der Physik zu sprechen kommen. Viele Physiker glauben nämlich, dass die Natur sehr einfache und symmetrische Zusammenhänge bevorzugt, aus welchem Grund auch immer. Diese Annahme legt die Vermutung nahe, dass der Welle-Teilchen-Dualismus nicht nur für alle in unserer Natur beobachtbaren Gegebenheiten gilt (also z. B. für die gesamte Materie oder für das Licht), sondern auch für alles Geistige (also für unsere Seele). Das Schöne an dieser Vorstellung ist, dass der Welle-Teilchen-Dualismus sowohl kollektive als auch individuelle Aspekte beinhaltet. Das stets lokalisierte Teilchen steht für ein Individuuum, die sich räumlich ausdehnende Welle steht für ein Kollektiv. Innerhalb des Kollektivs kann jede Welle über Interferenzen mit den anderen Wellen kommunizieren. Wenn nun also der Welle-Teilchen-Dualismus gemäß unserer Vermutung auch auf das Geistige zutrifft, dann können wir in der Tat schlussfolgern, dass die Seele Teil eines Kollektivs – also eines Ganzen – ist, zugleich aber auch eine eigene persönliche Struktur besitzt.

Ähnliches berichten uns übrigens sehr viele Menschen im Zusammenhang mit einer Nahtoderfahrung. Sie erkennen sich und bereits verstorbene Verwandte oder Freunde wieder, wodurch ihre Persönlichkeit – ihre Individualität – zum Ausdruck kommt. Andererseits können sie aber auch schlagartig nachvollziehen, was andere Personen in bestimmten Situationen denken oder fühlen. Hierin zeigt sich der kollektive Aspekt.

Aber lassen wir doch genau diese Menschen selbst zu Wort kommen, die in ihrem Leben schon einmal eine Nahtoderfahrung gemacht haben. So berichtet z. B. Hanna, der wir inzwischen schon mehrfach begegnet sind: „Ich traf auf mein Cousine Wilma ... Sie war gestorben – an Leukämie, im Alter von 14 Jahren. Lange Zeit – bis zu ihrem Tod – war sie meine beste Freundin gewesen. Es war ziemlich schlimm für mich, als sie starb. Ich erinnerte mich genau. Keine Frage, sie war gestorben. Diese Tatsache war über jeden Zweifel erhaben, und dennoch vermochte das nichts an dem Umstand zu ändern, dass mir die Verstorbene nun höchst lebendig gegenüberstand und sich ebenso über unser Wiedersehen freute wie ich ... Natürlich habe ich sie sofort wiedererkannt ... Wir haben uns unterhalten, ja. Aber das ging ohne Sprache. Über keine Sprache der Welt wäre eine so direkte Verständigung möglich gewesen. Es bedurfte keiner Worte, in die wir unsere Gedanken zu kleiden hatten. Jede war so unmittelbar mit der anderen verbunden, dass wir unsere Gedanken, alle Empfindungen und Beweggründe – ohne auf ein Medium wie die Sprache angewiesen zu sein – in jedem Augenblick miteinander teilten. Als wären wir durch eine feste telepathische Brücke verbunden, dachte ich ihre Gedanken, empfand ich ihre Gefühle ebenso wie sie die meinen." [41]

Und eine Frau, die während der Geburt ihres Kindes eine Nahtoderfahrung gemacht hat, erzählt: „Und da bemerkte ich auf einmal auch die ganzen Menschen ... Es waren alles Leute, die ich in meinem früheren Leben gekannt hatte, die aber schon vor mir gestorben waren. Ich erblickte meine Großmutter und ein Mädchen, das ich aus meiner Schulzeit kannte, und viele andere Verwandte und Freunde. Ich sah wohl hauptsächlich ihre Gesichter und spürte ihre Gegenwart. Sie machten alle einen fröhlichen Eindruck. Es war ein freudiges Zusammentreffen, und ich hatte das Gefühl, dass sie gekommen seien, um mich zu schützen und zu führen." [42]

Auch das folgende Zitat bringt den individuellen Aspekt der Seele schön zum Ausdruck: „Ein Patient erzählte mir, dass er während seiner Nahtoderfahrung, die durch einen Herzstillstand verursacht wurde, nicht nur seine verstorbene Großmutter sah, sondern auch einen Mann, der ihn liebevoll ansah, welchen er aber nicht kannte. Mehr als zehn Jahre später, auf dem Totenbett seiner Mutter, erzählte sie ihm, dass er ein uneheliches Kind sei. Sein Vater war ein Jude, der deportiert wurde und der während des zweiten Weltkriegs ums Leben kam. Seine Mutter zeigte ihm ein Bild: Es war der unbekannte Mann, den er während seiner Nahtoderfahrung gesehen hatte. Dieser Mann war sein biologischer Vater." [43]

Der diesseitige Dualismus von Individuum und Kollektiv – also gewissermaßen der Welle-Teilchen-Dualismus der Seele – ist das Thema des folgenden Berichts: „Es war, als würde ich mein Leben von Anfang bis Ende in einer auf Schnellvorlauf gestellten Filmschneidemaschine sehen. Es begann mit meiner Zeugung ... dann folgten die Kindheit, Jugendzeit und so weiter bis zu meiner Nahtoderfahrung, die ich noch einmal erlebte. Ich sah mein Leben, lebte es noch einmal. Alles, was ich gefühlt hatte, fühlte ich noch einmal – jeden Schnitt, jeden Schmerz, jedes Gefühl und alles, was zu dem jeweiligen Abschnitt meines Lebens dazugehörte. Gleichzeitig sah ich die Auswirkung meines Lebens auf meine Mitmenschen ... Ich fühlte alles, was sie fühlten, und dadurch begriff ich die Folgen meines gesamten Tuns.“ [44]

In ähnlicher Weise äußert sich die folgende Person: „Mein ganzes Leben bis hin zur Gegenwart wurde mir in einer Art dreidimensionalem Panoramarückblick gezeigt, und jedes Ereignis war begleitet von einem Bewusstsein von Gut oder Böse oder einer Einsicht von Ursache und Wirkung. Ich nahm nicht nur mein ganzes Leben von meinem eigenen Blickwinkel wahr, sondern nun wusste ich alle Gedanken von jedem Beteiligten eines Ereignisses, als würde ich ihre Gedanken denken. Das bedeutet, dass ich nicht nur wahrnahm, was ich getan und gedacht hatte, sondern sogar, in welcher Weise es andere beeinflusst hatte, als ob ich die Dinge mit allwissenden Augen sah ... Während des Rückblicks wurde die ganze Zeit auf die Wichtigkeit der Liebe hingewiesen.“ [28]

Zum Abschluss dieses Kapitels wollen wir nun noch das bereits besprochene kugelförmige Zerfließen der Seele und ihre Wellennatur mit drei Zitaten belegen. Ein Zerfließen oder Auflösen der Seele wird z. B. in dem folgenden Nahtodbericht geschildert: „Und es fühlte sich an, als würde ich mich mit rasender Geschwindigkeit bewegen, aber ich glaube, in Wirklichkeit war es mein Bewusstsein, das sich ungeheuer schnell erweiterte ... Und als ich dieses Licht traf, war es, als würde ich mich auflösen oder so.“ [45]

Die kugelförmige Ausdehnung des eigenen Ich wird sehr schön von Norman Paulsen dargestellt, der die folgende Szene nach einer sehr tiefen siebenstündigen Meditation erlebte: „Diese schimmernde, pulsierende Kugel, sie explodiert um mich herum mit einem Leuchten, das alles übertrifft, was ich je gesehen habe. Ich wirble nun in diesem unglaublichen Licht. Ich dehne mich kugelförmig aus, bewege mich mit unglaublicher Geschwindigkeit in alle Richtungen gleichzeitig." [46]

Und der Wellencharakter unserer Seele kann kaum treffender beschrieben werden als in dem Buch *Leben nach dem Tod* von Raymond Moody. Diesem Buch ist das folgende Zitat entnommen, welchem wir bereits auszugsweise in dem Kapitel über die relativistische Massenzunahme begegnet sind: „Mir schien es fast, als hätte mein Ich eine gewisse Dichte, aber keine Dichte im physikalischen Sinn, sondern eher in der Art von Wellen, glaube ich." [47]

Unsere Schlussfolgerung aus dem 5. Indiz:
Der Welle-Teilchen-Dualismus bedeutet, dass alle in der Natur beobachtbaren Gegebenheiten sowohl Wellen- als auch Teilcheneigenschaften in sich tragen. Wenn also meine zentrale Hypothese stimmt, dass unsere Seele mit dem Tod auf Lichtgeschwindigkeit beschleunigt wird, und die Seele dabei als Welle den gesamten Raum durchdringt, dann bewirkt die Längenkontraktion (4. Indiz), dass eine solche Seele allgegenwärtig ist – nämlich omnipräsent. Wenn der Welle-Teilchen-Dualismus auf die Seele zutrifft, dann indiziert er außerdem, dass sie kollektive und individuelle Aspekte hat.

Ein kurzer Exkurs über Raum und Zeit

Für den Optimisten ist das Glas halb voll,
für den Pessimisten ist es halb leer.
(Sprichwort)

In den bisherigen Kapiteln haben wir bereits gelernt, dass Raum und Zeit keine absoluten Größen sind. Die spezielle Relativitätstheorie hat uns gezeigt, dass in zwei verschiedenen Koordinatensystemen der Raum und die Zeit unterschiedlich gemessen – also auch wahrgenommen – werden. Nun wollen wir uns in diesem Kapitel bewusst machen, dass Raum und Zeit auch in einem anderen Sinne sehr relativ sein können. Und zwar hinsichtlich eines subjektiven Längen- oder Zeitvergleichs. Ich schiebe diesen kurzen Exkurs ganz absichtlich dazwischen, um dir nochmals bewusst zu machen, dass die Einsteinsche Relativität zu *objektiv* messbaren – also ganz realen – Unterschieden in Raum und Zeit führt; dass hingegen die in diesem Kapitel besprochene Relativität nur *subjektive* Einschätzungen widerspiegelt. Am besten betrachtest du dieses Kapitel als einen Selbsttest: Wenn du beide Relativitätsformen unterscheiden kannst, hast du den Test bestanden!

Sprechen wir also zunächst über den Raum. Für uns ist der Raum eine dreidimensionale Größe mit der Basisdimension einer Länge. Um ein besseres Gefühl für die unterschiedlichsten Längen zu bekommen, wollen wir zunächst die folgenden drei Beispiele betrachten:

Durchmesser eines Wasserstoffatoms:
0,0000000005 Meter

Durchschnittliche Körpergröße eines Menschen:
1,70 Meter

Geschätzte Ausdehnung des Universums:
100000000000000000000000000 Meter

Dem letzten Zahlenwert liegt ein geschätztes Alter des Universums von 12,5 Milliarden Jahren zugrunde [48]. Denn das Licht kann in dieser Zeitdauer maximal die angegebene Entfernung zurückgelegt haben.

Diese drei Beispiele habe ich ausgewählt, weil sie sehr schön zeigen, wie relativ lang bzw. relativ kurz wir selber sind im Vergleich zu anderen Längenangaben. Auch subjektiv ist der Raum also ein relativer Begriff!

Nun wissen wir alle, dass die Erde ein Planet unseres Sonnensystems ist. Das Sonnensystem ist Teil unserer Galaxie, nämlich der Milchstraße. Und die Milchstraße ist Teil unseres riesigen Universums. In Abbildung 14 habe ich dir illustriert, wie winzig klein unser einziger Lebensraum – nämlich die Erde – bereits im Vergleich mit der Sonne ist. Die Erde und die Sonne haben einen Durchmesser von ca. 12800 km bzw. 1390000 km. Die Abbildung ist also etwa im Maßstab 1:15000000000 verkleinert. Und in Abbildung 15 habe ich dir noch den Abstand der Erde von der Sonne dargestellt, wobei die Position der Erde nur mit einem x markiert ist, die Sonne dagegen maßstabsgetreu gezeichnet ist.

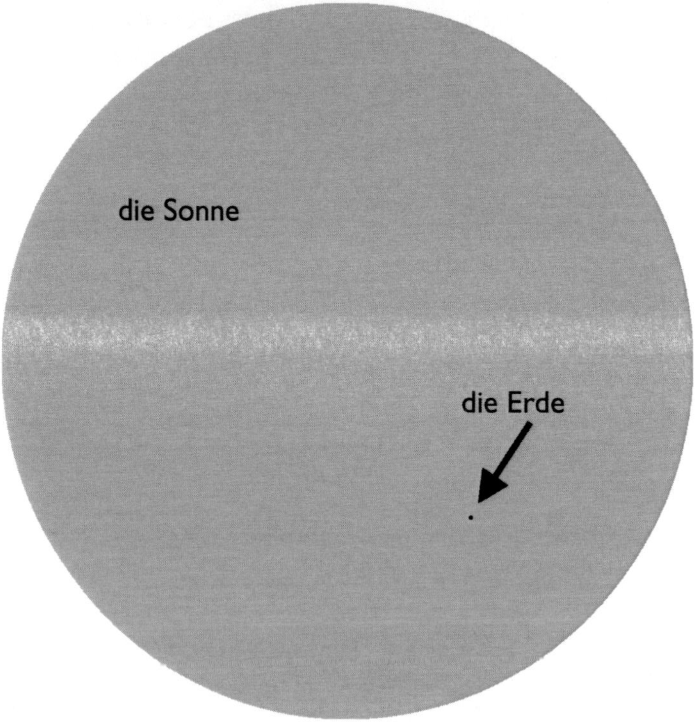

Abb. 14: Sonne und Erde im Größenvergleich

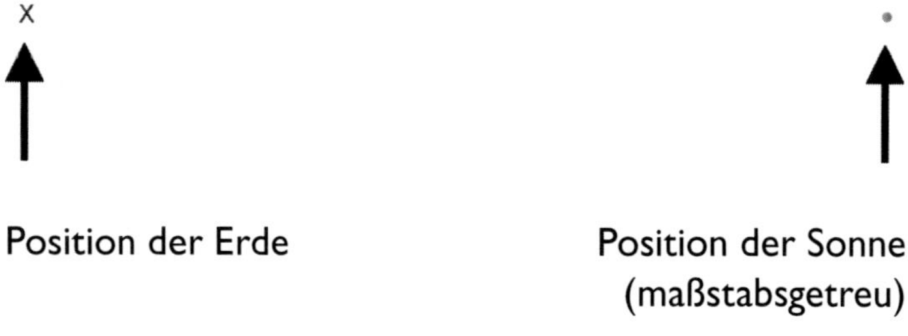

Abb. 15: Sonne und Erde im Abstandsvergleich

Kommen wir nun zu unserem Exkurs über die Zeit. Wir wollen uns – wie bei der Diskussion zum Raum – mit insgesamt drei Zahlenbeispielen begnügen:

Kürzester Lichtpuls, erzeugt mit einem Laser [49]:
0,0000000000000016 Sekunden

Lebenserwartung in den westlichen Industriestaaten:
80 Jahre entsprechend
ca. 2500000000 Sekunden

Geschätztes Alter des Universums [48]:
12,5 Milliarden Jahre entsprechend
ca. 400000000000000000 Sekunden

Ich habe diese drei Beispiele ausgewählt, weil sie sehr schön zeigen, wie relativ lang bzw. relativ kurz unser eigenes Leben ist im Vergleich zu anderen Zeitdauern. Auch subjektiv ist die Zeit also ein relativer Begriff!

Noch einen anderen schönen Vergleich – allerdings in Form einer graphischen Darstellung – illustriert die Abbildung 16: Stellen wir uns doch mal vor, dass jeder abgebildete Buchstabe für 4 Millionen Jahre steht. Dann entspricht die Gesamtzahl aller Buchstaben etwa einem Zeitraum von 4 Milliarden Jahren, der nach wissenschaftlichen Schätzungen beschreibt, wie lange es Leben auf unserer Erde gibt [50]. Alle Buchstaben zusammen stehen also für die Dauer der Evolution auf der Erde. Und nur der letzte Buchstabe, das M, steht für die Menschheit, deren früheste Vorfahren nämlich vor etwa 4 Millionen Jahren gelebt haben [51].

EEEEEEEEEEEEEEEEEEEEEEEEEEEEEEEEEEE
EEEEEEEEEEEEEEEEEEEEEEEEEEEEEEEEEEE
EEEEEEEEEEEEEEEEEEEEEEEEEEEEEEEEEEE
EEEEEEEEEEEEEEEEEEEEEEEEEEEEEEEEEEE
EEEEEEEEEEEEEEEEEEEEEEEEEEEEEEEEEEE
EEEEEEEEEEEEEEEEEEEEEEEEEEEEEEEEEEE
EEEEEEEEEEEEEEEEEEEEEEEEEEEEEEEEEEE
EEEEEEEEEEEEEEEEEEEEEEEEEEEEEEEEEEE
EEEEEEEEEEEEEEEEEEEEEEEEEEEEEEEEEEE
EEEEEEEEEEEEEEEEEEEEEEEEEEEEEEEEEEE
EEEEEEEEEEEEEEEEEEEEEEEEEEEEEEEEEEE
EEEEEEEEEEEEEEEEEEEEEEEEEEEEEEEEEEE
EEEEEEEEEEEEEEEEEEEEEEEEEEEEEEEEEEE
EEEEEEEEEEEEEEEEEEEEEEEEEEEEEEEEEEE
EEEEEEEEEEEEEEEEEEEEEEEEEEEEEEEEEEE
EEEEEEEEEEEEEEEEEEEEEEEEEEEEEEEEEEE
EEEEEEEEEEEEEEEEEEEEEEEEEEEEEEEEEEE
EEEEEEEEEEEEEEEEEEEEEEEEEEEEEEEEEEE
EEEEEEEEEEEEEEEEEEEEEEEEEEEEEEEEEEE
EEEEEEEEEEEEEEEEEEEEEEEEEEEEEEEEEEE
EEEEEEEEEEEEEEEEEEEEEEEEEEEEEEEEEEE
EEEEEEEEEEEEEEEEEEEEEEEEEEEEEEEEEEE
EEEEEEEEEEEEEEEEEEEEEEEEEEEEEEEEEEE
EEEEEEEEEEEEEEEEEEEEEEEEEEEEEEEEEEE
EEEEEEEEEEEEEEEEEEEEEEEEEEEEEEEEEEE
EEEEEEEEEEEEEEEEEEEEEEEEEEEEEEEEEEE
EEEEEEEEEEEEEEEEEEEEEEEEEEEEEEEEEEE
EEEEEEEEEEEEEEEEEEEEEEEEEEEEEEEEEEE
EEEEEEEEEEEEEEEEEEEEEEEEEEEEEEEEEEE
EEEEEEEEEEEEEEEEEEEEEEEEEEEEEEEEEEM

Abb. 16: Symbolischer Verlauf der Evolution

Und weil die letzte Abbildung so nachdenklich stimmt, will ich dir gleich noch die Abbildung 17 präsentieren. Hierin steht jeder Buchstabe für einen Zeitabschnitt von 30 Jahren, dem durchschnittlichen Abstand zur nächsten Menschengeneration. B, C und M stellen in etwa die Generationen dar, in denen Buddha, Christus und Mohammed geboren wurden. Das D am Ende steht für dich und deine Generation ...

Die eben beschriebenen Beispiele verdeutlichen uns, dass Raum und Zeit sehr wohl auch eine subjektive Relativität aufweisen. Gegenüber einer Maus fühlen wir uns sehr groß, gegenüber einem ausgewachsenen Elefanten sehr klein. Gegenüber dem Leben einer Sonnenblume kommt uns unser Leben sehr lang vor, gegenüber einem 2000 Jahre alten Sequoia-Baum sehr kurz. Dennoch ändern diese Vergleiche nichts an der Tatsache, dass wir immer die gleiche Größe und das gleiche Alter haben. Also auch wenn Maus, Elefant, Sonnenblume und Sequoia dies nachmessen könnten!

Die Einsteinsche Relativität ist von einer ganz anderen, nämlich objektiven Art. Durch die Bewegung in Raum und Zeit werden Längen- und Zeitangaben in einem anderen Bezugssystem ganz anders gemessen. Der in Abbildung 5 (in dem Kapitel über die relativistische Massenzunahme) dargestellte Astronaut misst ganz generell andere Längen und Zeitdauern als die an ihm vorbeifliegenden Tiere. Dabei spielt es gar keine Rolle, ob es sich um Mäuse oder Elefanten handelt! Wenn du dies verstanden hast, darf ich dir nun herzlichst zum Diplom in den Relativitätswissenschaften gratulieren!

GGGGGGGGGGGGGGGGGGGGGGGGGGGGGGGGG
GGGGGGGGGGGGGGGGGGGGGGGGGGGGGGGGG
GGGGGGGGGGGGGGGGGGGGGGGGGGGGGGGGG
GGGGGGGGGGGGGGGGGGGGGGGGGGGGGGGGG
GGGGGGGGGGGGGGGGGGGGGGGGGGGGGGGGG
GGGGGGGGGGGGGGGGGGGGGGGGGGGGGGGGG
GGGGGGGGGGGGGGGGGGGGGGGGGGGGGGGGG
GGGGGGGGGGGGGGGGGGGGGGGGGGGGGGGGG
GGGGGGGGGGGGGGGGGGGGGGGGGGGGGGGGG
GGGGGGGGGGGGGGGGGGGGGGGGGGGGGGGGG
GGGGGGGGGGGGGGGGGGGGGGGGGGGGGGGGG
GGGGGGGGGGGGGGGGGGGGGGGGGGGGGGGGG
GGGGGGGGGGGGGGGGGGGGGGGGGGGGGGGGG
GGGGGGGGGGGGGGGGGGGGGGGGGGGGGGGGG
GGGGGGGGGGGGGGGGGGGGGGGGGGGGGGGGG
GGGGGGGGGGGGGGGGGGGGGGGGGGGGGGGGG
GGGGGGGGGGGGGGGGGGGGGGGGGGGGGGGGG
GGGGGGGGGGGGGGGGGGGGGGGGGGGGGGGGG
GGGGGGGGGGGGGGGGGGGGGGGGGGGGGGGGG
GGGGGGGGGGGGGGGGGGGGGGGGGGGGGGGGG
GGGGGGGGGGGGGGGGGGGGGGGGGGGGGGGGG
GGGGGGGGGGGGGGGGGGGGGGGGGGGGGGGGG
GGGGGGGGGGGGGGGGGGGGGGGGGGGGGGGGG
GGGGGGGGGGGGGGGGGGGGGGGGGGGGGGGGG
GGGGGGGGGGGGGGGGGGGGGGGGGGGGGGGGG
GGGGGGGGGGGGGGGGGGGGGGGGGGGGGGGGG
GGGGGGGGGGGGGGGGGGGGGGGGGGGGGGGGG
GGGGGGGGGGGGGGGBGGGGGGGGGGGGGGGGG
CGGGGGGGGGGGGGGGGMGGGGGGGGGGGGGGG
GGGGGGGGGGGGGGGGGGGGGGGGGGGGGGGGD

Abb. 17: Symbolischer Verlauf der letzten 30000 Jahre

Deine Experimente

learning by doing
(John Dewey)

Möchtest du die eben besprochenen Indizien noch etwas näher kennen lernen? Dann fordere ich dich auf, selbst einmal in die Rolle des Wissenschaftlers oder der Wissenschaftlerin zu schlüpfen und eine Reihe von Experimenten persönlich durchzuführen. Denn lernen können wir am besten durch eigenes Handeln. Ich selbst werde dich bei allen Experimenten begleiten und dir die entsprechenden Anleitungen geben.

Experiment 1: Lichtwellen

Bleiben wir doch gleich beim Thema des letzten Kapitels, in dem es auch um Lichtwellen gegangen ist. Es gibt ein sehr schönes und einfaches Experiment, wie du dich selbst von der Wellennatur des Lichts überzeugen kannst. Alles, was du dafür benötigst, ist ein ca. 10 cm x 10 cm großes Stück Aluminiumfolie, eine spitze Nadel und eine kleine Lichtquelle. Wichtig ist, dass diese Lichtquelle selbst sehr klein ist oder aber klein erscheint, weil sie weit entfernt ist. Gut geeignet sind z. B. die kleinen elektrischen Kerzen von einer Weihnachtskette im Abstand von ca. drei Metern oder auch eine Straßenlaterne im Abstand von mehr als zehn Metern.

Du musst das Experiment zunächst vorbereiten. Dazu stichst du zwei sehr kleine Löcher möglichst dicht nebeneinander in die Aluminiumfolie. Beide Löcher sollten etwa gleich groß sein. Am besten gelingt dir dies, wenn du zuerst ein Stück Papier auf eine harte Unterlage legst, z. B. einen Glas- oder Porzellanteller, und darauf das Stück Aluminiumfolie. Mit der spitzen Nadel stichst du dann vorsichtig die beiden Löcher in die Aluminiumfolie hinein.

Alles geklappt? Prima! Dann darfst du jetzt dein Experiment durchführen. Dazu hältst du das Stück Aluminiumfolie ganz dicht vor ein Auge. Wenn du eine Brille trägst, solltest du sie für dieses Experiment abnehmen. Du schaust nun durch die Löcher hindurch auf die kleine Lichtquelle. Was siehst du? Wenn du alles richtig gemacht hast, dann wirst du das Licht der Glühbirne unscharf und verbreitert wahrnehmen. Und wenn es sonst in deiner Umgebung relativ dunkel ist, dann wirst du sogar ein Muster erkennen, das von regelmäßigen hellen und dunklen Streifen durchzogen ist. Es handelt sich um das gleiche Interferenzmuster, dem wir bereits beim Doppelspaltexperiment in der Abbildung 12 begegnet sind. Du hast also soeben in einer einfachen, aber sehr beeindruckenden Weise die Wellennatur des Lichts nachgewiesen!

Wenn es nicht gleich funktioniert, dann verzage bitte nicht gleich, sondern versuche es einfach noch einmal, z. B. mit einer anderen Lichtquelle, einem neuen Stück Aluminiumfolie, einer kleineren Nadel oder vielleicht in einer dunkleren Umgebung.

Experiment 2: Myonen

Genau genommen handelt es sich hierbei um ein Experiment, dass die Natur selbst tagtäglich für uns durchführt. Aber die Natur tut uns nicht den Gefallen, es auch noch für uns auszuwerten. Das soll jetzt deine Aufgabe sein, denn die Auswertung jedes Experiments ist genauso wichtig wie die Durchführung an sich. Also versuche du nun, das folgende Naturschauspiel zu deuten, um festzustellen, ob Einstein mit seiner speziellen Relativitätstheorie Recht hatte oder nicht.

Bevor hochenergetische kosmische Teilchen vom Weltraum auf die Erde treffen, kollidieren sie bereits sehr hoch in der Atmosphäre mit Luftmolekülen und bilden dabei allerlei merkwürdige Teilchen. Unter anderem auch sog. Myonen. Ein solches Teilchen verhält sich ganz ähnlich wie das bekannte Elektron. So trägt es z. B. dieselbe elektrische Ladung wie ein Elektron. Allerdings ist es etwa 207-mal so schwer wie ein Elektron, und es zerfällt mit einer Halbwertszeit von ca. zwei Millionstel Sekunden in ein Elektron und in ein sog. Neutrino. Selbst wenn aber das Myon mit der maximal möglichen Geschwindigkeit – also mit der Lichtgeschwindigkeit – fliegen würde, könnte es in diesen zwei Millionstel Sekunden gerade mal 600 Meter weit kommen. Folglich sollten wir eigentlich am Erdboden keine Myonen mehr nachweisen können, denn die Erdatmosphäre erstreckt sich über ca. 15 km. Oder anders formuliert: Selbst wenn das Myon mit Lichtgeschwindigkeit fliegen könnte, so bräuchte es immer noch ca. 50 Millionstel Sekunden (also 25-mal länger als zwei Millionstel Sekunden), um 15 km zu durchdringen. Tatsächlich können wir aber mit geeigneten Messgeräten sehr wohl Myonen am Erdboden registrieren, sogar noch bis hinab in eine Meerestiefe von 4000 Metern. Wie ist das möglich?

Zu jedem Experiment gehört ein gutes Laborbuch, in dem alle Fakten und Resultate festgehalten sind. Dein Laborbuch könnte also folgendermaßen aussehen:

- Ein Myon „lebt“ ca. zwei Millionstel Sekunden.
- Es fliegt in dieser Zeit maximal 600 Meter weit.
- Ein Flug durch die Atmosphäre dauert mindestens 50 Millionstel Sekunden.
- Die Erdatmosphäre erstreckt sich über 15 km.

Jetzt hast du aber plötzlich ein Problem, denn deine Aufzeichnungen enthalten zwei Widersprüche. Wenn ein Myon nur zwei Millionstel Sekunden lebt, wie kann es dann einen Flug mit einer Dauer von mindestens 50 Millionstel Sekunden durchführen? Und wenn es nur maximal 600 Meter weit fliegen kann, wie kann es dann eine sich über 15 km erstreckende Erdatmosphäre durchqueren?

Darf ich dir bei deiner Auswertung etwas behilflich sein? Diese beiden Widersprüche lösen sich nämlich sofort auf, wenn du annimmst, dass sich die genannten Zeit- und Längenangaben nicht nur auf ein einziges Koordinatensystem beziehen. Die Lebensdauer des Myons von zwei Millionstel Sekunden ist eine direkte Eigenschaft des Myons. Sie bezieht sich also auf das Ruhesystem des Myons selbst. Folglich gilt aber auch die daraus abgeleitete maximal mögliche Flugstrecke von 600 Metern nur für das Ruhesystem des Myons. Dagegen handelt es sich bei der Flugdauer von 50 Millionstel Sekunden und der 15 km langen Strecke durch die Atmosphäre um zwei Messwerte, die du als ein ruhender Beobachter auf der Erde angeben kannst. Diese beiden zuletzt genannten Messwerte beziehen sich folglich nicht auf das Ruhesystem des Myons, sondern auf ein anderes Koordinatensystem, das zusammen mit dir in einem Ruhezustand ist.

Wenn sich also diese Zeit- und Längenangaben auf zwei verschiedene Koordinatensysteme beziehen, dann sind alle Aussagen in deinem Laborbuch miteinander vereinbar. Allerdings musst du dafür noch einen sehr hohen Preis zahlen. Dieser Preis besteht darin, dass du die Begriffe einer absoluten Zeit und eines absoluten Raumes aufgeben musst. Statt dessen werden Zeit- und Längenangaben beim Übergang in das jeweils andere Koordinatensystem transformiert. Daraus resultieren dann die bereits diskutierten Effekte der Zeitdilatation und der Längenkontraktion. Du als ein auf der Erde ruhender Beobachter stellst also fest, dass wegen der Zeitdilatation die bewegte Uhr eines Myons – wenn es sehr schnell fliegt – so langsam geht, dass es mühelos den Erdboden erreichen kann, bevor es zerfällt. Und aus der Sicht eines Myons bewegt sich der Erdboden fast mit Lichtgeschwindigkeit auf das Myon zu, d. h. die Strecke durch die Atmosphäre wird durch den Effekt der Längenkontraktion so stark verkürzt, dass das Myon wiederum mühelos den Erdboden erreichen kann, bevor es zerfällt.

Mit diesen Überlegungen gelingt es dir jetzt, alle Eintragungen in deinem Laborbuch zu erklären. Wie also lautet das Ergebnis deiner Auswertung? Hatte Einstein Recht mit seiner speziellen Relativitätstheorie, die zum allerersten Mal die Effekte von Zeitdilatation und Längenkontraktion als objektive Eigenschaften unserer Natur präsentiert?

Richtig! Albert Einstein hatte Recht mit der speziellen Relativitätstheorie, denn die Zeitdilatation und die Längenkontraktion sind ganz offensichtlich zwei reale Effekte, die – übrigens ganz im Gegensatz zum Welle-Teilchen-Dualismus – unabhängig von jeder Messung oder Beobachtung existieren. Wenn es diese Effekte nicht geben würde, hätten die Myonen keine Chance, den Erdboden zu erreichen, ob sie nun von einem Detektor registriert werden oder nicht.

Zudem verdeutlicht diese Auswertung nochmals sehr schön, dass Zeitdilatation und Längenkontraktion sehr eng miteinander verknüpft sind. Wir erinnern uns, dass wir im Kapitel über die Längenkontraktion eben diesen Effekt aus der Zeitdilatation abgeleitet hatten. Auch bei diesem Experiment mit den Myonen sorgt also erst das Zusammenspiel von Zeitdilatation und Längenkontraktion dafür, dass die beiden Bezugssysteme von Erde und Myon tatsächlich gleichwertig sind. Deshalb wird dieses Naturschauspiel der Myonen auch so gerne im Physikstudium und in der Fachliteratur behandelt, weil es auf eine sehr anschauliche Art und Weise die spezielle Relativitätstheorie mit allen Auswirkungen auf Raum und Zeit bestätigt.

Experiment 3: Radfahren mit Lichtgeschwindigkeit
In diesem Experiment wirst du verstehen lernen, was es bedeutet, sich fast mit Lichtgeschwindigkeit durch eine Innenstadt zu bewegen. Alles, was du diesmal benötigst, ist ein Computer mit Internetanschluss. Wenn du selbst über keinen geeigneten Rechner verfügst, kannst du das Experiment auch bei einem Freund oder in einem der inzwischen zahlreichen Internetcafés durchführen.

Starte den Computer, logge dich in deinen Internet-Provider ein und wähle die folgende Internetseite aus: http://www.tempolimit-lichtgeschwindigkeit.de.

Dort wirst du ein Menü mit verschiedenen Links vorfinden. Klicke dann ganz einfach auf den Link „Fast lichtschnell durch die Stadt“. Danach kannst du zwei äußerst eindrucksvolle Filme starten, die dich beinahe mit Lichtgeschwindigkeit durch die Tübinger Altstadt mit ihren hübschen Fachwerkhäusern fahren lassen. Der eine Film zeigt deinen Sprint durch die Marktgasse. In dem anderen Film radelst du auf einer Rundfahrt durch die Innenstadt.

Für diese Kurzfilme wurde von den Wissenschaftlern angenommen, dass du mit dem Fahrrad unterwegs bist und die Lichtgeschwindigkeit einen Wert von nur noch 30 km/h hat. Durch diese künstliche Herabsetzung des Wertes für die Lichtgeschwindigkeit wird es deinem Gehirn erst ermöglicht, dass es die andernfalls viel zu schnell ablaufende Fahrt visuell und kognitiv korrekt verarbeiten kann.

Während du nun im Film an den Fachwerkhäusern vorbeiradelst, beobachtest du wieder jene merkwürdigen Verzerrungen der Häuserfronten, die wir bereits in dem Kapitel über den Searchlight-Effekt diskutiert haben. Zu einem aktiven Experimentator wirst du aber erst dann, wenn du selbst die Geschwindigkeit durch das Treten der Fahrradpedale bestimmen kannst. Eine Möglichkeit hierzu besteht an einem Simulator, der zur Zeit im Deutschen Museum in München aufgestellt ist. Es handelt sich um ein Trimmrad, mit dem du lenken, beschleunigen und bremsen kannst. Unmittelbar vor dem Trimmrad steht eine Leinwand, auf die dein momentanes Sichtfeld projiziert wird. Den jeweils aktuellen Standort dieses Simulators kannst du im Institut für Theoretische Astrophysik der Universität Tübingen erfragen.

Für die Filme und die Simulation wurde die Tübinger Altstadt in einer sehr aufwendigen Arbeit fotografiert und digitalisiert. Die dargestellten Szenen entstanden dann in einem Hochleistungsrechner auf der Grundlage der speziellen Relativitätstheorie. Hierbei wurden in einem ersten Schritt die Bilder aus den Positionen eines ruhenden Radfahrers berechnet. Danach wurden daraus in einem zweiten Schritt die jeweiligen Bilder aus der Sicht eines bewegten Radfahrers generiert.

Die zitierte Internetseite, die Filme und der Simulator werden vom Institut für Theoretische Astrophysik der Universität Tübingen und vom Max-Planck-Institut für Biologische Kybernetik in Tübingen zur Verfügung gestellt.

Experiment 4: Visuelle Wahrnehmung
Jetzt darfst du gleich dreimal mit deiner eigenen visuellen Wahrnehmung experimentieren. Zunächst werde ich dir einen englischen Text präsentieren, den du dir bitte NUR EINMAL durchliest und beim Lesen zählst, wie oft der Buchstabe „F“ vorkommt.

Also bitte nicht mogeln, sondern den Text wirklich nur einmal lesen. Und zwar in deiner ganz normalen Lesegeschwindigkeit. Alles klar?

Dann geht es los. Hier kommt der Text:

FINISHED FILES ARE THE RESULT OF YEARS OF SCIENTIFIC STUDY COMBINED WITH THE EXPERIENCE OF YEARS

Und, wie oft hast du den Buchstaben „F“ gezählt?
Dann blättere jetzt bitte die Seite um ...

Hier ist das hoffentlich verblüffende Ergebnis unseres ersten kleinen Wahrnehmungstests: Es sind weder drei „F“, noch vier „F“, noch fünf „F“, wie die meisten Menschen tatsächlich zählen. Ich selbst habe übrigens beim ersten Mal auch nur drei „F“ gezählt. Sondern es sind tatsächlich sechs „F“! Erstaunlicherweise wird das scheinbar nebensächliche Beiwort „OF“ vom Gehirn unbewusst ausgeblendet, so dass viele Menschen die „F“ in dem Wort „OF“ nicht mitzählen.

Bist du etwa auch über deine eigene Wahrnehmung gestolpert? Wenn ja, dann kann ich dich hiermit trösten: Ungefähr 90 % aller Testpersonen zählen nicht auf Anhieb die sechs richtigen „F“. Wenn nein, dann garantiere ich dir, dass du in dem folgenden Test ganz sicher ein Opfer deiner eigenen Wahrnehmung werden wirst. Bitte schaue dir die Abbildung 18 zunächst in aller Ruhe an. Fixiere dann mit beiden Augen den weißen Punkt in der Bildmitte. Schließlich bewegst du deinen ganzen Kopf langsam zum weißen Punkt hin und wieder zurück, und das immer abwechselnd ...

Und, was beobachtest du? Hatte ich Recht mit meiner Garantie? Auch wenn das Bild sehr einfach strukturiert ist, werden 100 % aller Testpersonen von ihrer eigenen Wahrnehmung getäuscht: Das innere Rad scheint sich gegenüber dem äußeren Rad zu drehen, obwohl beide Räder auf Papier gedruckt sind. Dabei hat dieser Effekt gar nichts mit dem räumlichen Sehen zu tun, wie wir uns leicht überzeugen können. Bitte halte einfach mal ein Auge zu und führe das Experiment erneut durch. Du wirst zu dem gleichen Ergebnis kommen.

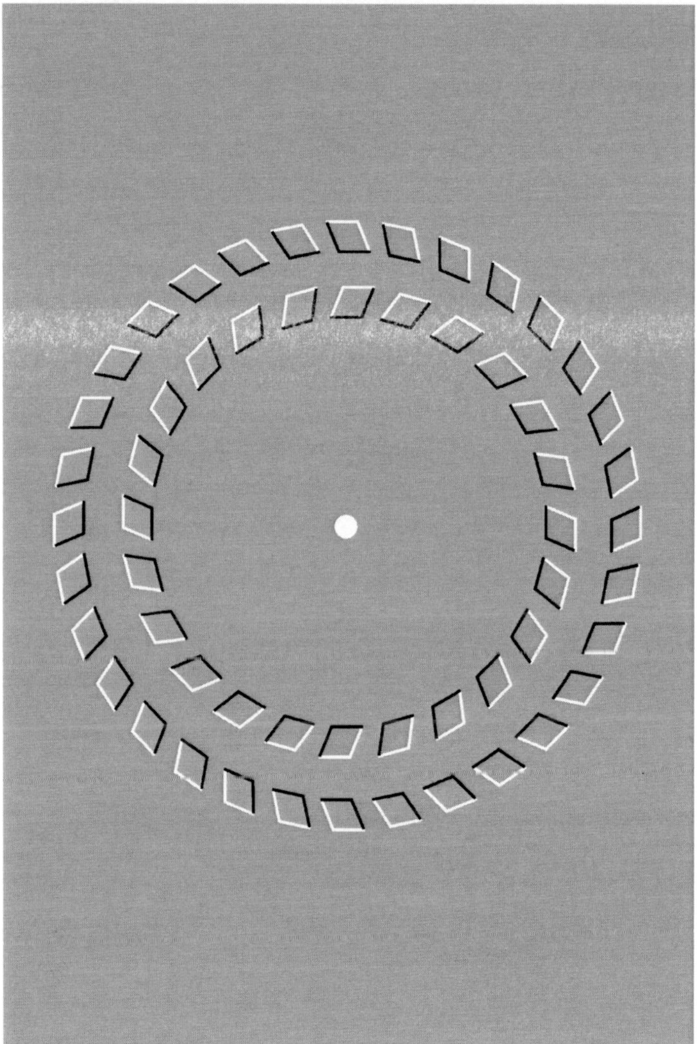

Abb. 18: Das sich drehende Rad

Noch ein drittes Wahrnehmungsexperiment gefällig? Aber gerne doch! In Abbildung 19 ist ein interessantes Muster abgebildet. Bitte schaue es dir wieder in Ruhe an. Bewege diesmal aber nicht den Kopf, sondern lasse einfach deine Augen über das Bild schweifen ...

Ich hoffe, dass du schwindelfrei bist, denn das Bild ist wirklich ein Meisterwerk der Illusion: Die einzelnen Kreise beginnen wie Schlangen zu rotieren, obwohl sie doch auf Papier gebannt sind.

Warum wohl habe ich dich diese drei Experimente zu deiner visuellen Wahrnehmung durchführen lassen? Ganz sicher nicht, um dir zu demonstrieren, dass alle Effekte der speziellen Relativitätstheorie auch nur eine Illusion sind. *Im Gegenteil*: Ich will dir nämlich damit den großen Unterschied erklären, der zwischen der Illusion und der Wirklichkeit liegt. Die Ergebnisse der eben durchgeführten Experimente beruhen auf den Unzulänglichkeiten unserer visuellen Wahrnehmung. Dabei blendet unser Gehirn weniger wichtige Worte unbewusst aus. Und es lässt uns geschickt angeordnete geometrische Muster missinterpretieren, nämlich als wären es sich scheinbar drehende Figuren. Einsteins spezielle Relativitätstheorie ist dagegen Realität, denn die Zeitdilatation und die Längenkontraktion finden tatsächlich statt und sind objektiv messbar. Auch die Nahtoderfahrungen sind Realität und keine Illusion: Sie unterliegen nicht den Unzulänglichkeiten unserer visuellen Wahrnehmung, sondern basieren auf einer Art „geistigem Sehen", wie es das schöne Beispiel mit dem Tennisschuh auf den Seiten 44-45 verdeutlicht.

Abb. 19: Die rotierenden Schlangen
(mit freundlicher Genehmigung von Akiyoshi Kitaoka)

Experiment 5: Gedanken

Zum Schluss möchte ich gerne zusammen mit dir ein kleines, aber aussagekräftiges Gedankenexperiment durchführen. Dabei geht es um das Wesen unserer Erkenntnisfähigkeit. Es handelt sich also nicht um ein naturwissenschaftliches, sondern wohl eher um ein philosophisches Experiment.

Wir wollen uns zunächst überlegen, was wir uns in dieser Welt alles wegdenken können. Es fällt uns z. B. nicht schwer, sich vorzustellen, dass es keine Sterne am Himmel gibt. Auch Sonne und Mond können wir uns wegdenken, wenn wir in Kauf nehmen, dass es dann dunkel auf unserer Erde wird. Wegdenken können wir uns auch unseren Heimatplaneten, denn dann fliegen wir eben in unserer Vorstellung in einem Raumschiff. Oder wir schweben im leeren Raum, wenn wir uns auch noch das Raumschiff wegdenken. Ja, wir können sogar auch noch auf unseren eigenen Körper verzichten. Dann schwebt nämlich unser Bewusstsein oder unser Ich körperlos im leeren Raum.

Dann allerdings sind wir schon an der Grenze dessen angelangt, was in einem solchen Gedankenexperiment möglich ist. Denn das eigene Ich können wir uns nicht mehr wegdenken, weil dann auch der Denkprozess selbst entfallen müsste. Auch auf den uns umgebenden leeren Raum – also den Raum an sich – können wir in unserem Gedankenexperiment nicht verzichten, denn in unserer Vorstellung befindet sich unser Ich immer irgendwo. Ebenso wenig können wir uns die Zeit wegdenken. Weil selbst ein körperloses Ich unsere Gedanken zeitlich aufeinander folgen lässt, übersteigt jede Zeitlosigkeit unser Vorstellungsvermögen.

Wie also lautet nun das interessante Ergebnis unseres Gedankenexperiments? Offensichtlich sind der Raum, die Zeit und das eigene Ich wichtige Voraussetzungen dafür, das wir uns überhaupt etwas vorstellen können. Im Grunde sind wir mit unserem Experiment den Spuren Immanuel Kants gefolgt, der bereits im Jahr 1781 auf ähnliche Weise [52] geschlussfolgert hat, dass Raum und Zeit keine Erfahrungen sind, die wir über die Welt machen. Statt dessen handelt es sich um Strukturen, die von vornherein – *a priori* – in unserem Denken enthalten sind. Raum und Zeit sind uns gewissermaßen angeboren. Noch bevor wir zum ersten Mal das Licht der Welt erblicken, steht fest, dass wir sie räumlich und zeitlich strukturiert erleben werden. Raum und Zeit sind daher nach Kant nicht Ergebnis, sondern *Voraussetzung* für all unsere Erfahrung. Wir haben also gar nicht die Möglichkeit, irgendetwas zu erleben, was nicht räumlich oder zeitlich strukturiert wäre. Raum und Zeit sind uns angeborene Vorurteile, von denen wir uns nicht befreien können.

Was also ist „Zeit"? Sie ist die strukturelle Voraussetzung dafür, dass wir überhaupt wahrnehmen können: Denn erst das Vergehen der Zeit lässt uns nach jeder Wahrnehmung etwas wissen, was wir vorher nicht wussten. Die Vergangenheit ist der Bereich der Tatsachen, die Zukunft der Bereich der Möglichkeiten. Das Vergehen der Zeit macht aus Möglichkeiten Tatsachen, aus der Zukunft Vergangenheit. Nahtoderfahrene berichten von einer Welt, in der es keine zeitliche Abfolge mehr gibt, weder ein „zuvor" noch ein „danach".

Was also ist „Raum“? Er ist die strukturelle Voraussetzung dafür, dass wir überhaupt einen Ort erreichen können: Denn erst der Raum lässt uns verschiedene Orte voneinander unterscheiden. Ohne den Raum würde alles zu einer Einheit verschmelzen. Nahtoderfahrene berichten von einer Welt, in der es keine räumlichen Distanzen mehr gibt, weder ein „nah“ noch ein „fern“.

Folglich sind „irgendetwas wahrnehmen“ und „irgendeinen Ort erreichen“ zwei typische Vorgänge, die unsere Strukturen von Zeit und Raum voraussetzen. Wir haben aber gar kein Recht zu der Annahme, Zeit und Raum seien objektive Eigenschaften der Welt an sich. Im Gegenteil: Wir müssen die Möglichkeit einräumen, dass das Jenseits – wenn es denn ein solches gibt – ganz ohne Zeit und Raum auskommt. Dann gibt es aber im Jenseits auch kein Wahrnehmen und kein Erreichen mehr. Wir – also unsere Seelen – wissen dort schon alles, ohne erst irgendetwas wahrnehmen zu müssen. Und wir – also wiederum unsere Seelen – sind überall zugleich, ohne erst irgendeinen Ort erreichen zu müssen. Folglich können Fragen wie „Wie nehme ich irgendetwas wahr?“ oder „Wie erreiche ich irgendeinen Ort?“ sinnvoll nur in Bezug auf das Diesseits gestellt werden, nicht aber in Bezug auf das Jenseits. Damit haben wir übrigens eine schöne Überleitung zum nachfolgenden Kapitel, in dem wir philosophische und theologische Fragen in den Mittelpunkt stellen werden.

„c“

Ich bin das Licht der Welt. Wer mir nachfolgt,
der wird nicht wandeln in der Finsternis,
sondern wird das Licht des Lebens haben.
(Johannes 8,12)

Dieses Zitat aus dem Neuen Testament deutet dir bereits an, worum es in diesem Kapitel gehen wird: Nachdem du in den vorangegangenen Kapiteln die wesentlichen physikalischen Grundlagen kennen gelernt hast, werden wir beide jetzt gemeinsam den Brückenschlag über die Philosophie bis hin zur Theologie bewerkstelligen. Dabei wollen wir zunächst die drei folgenden Fragen zum Symbol und zum Wert von c besprechen:

- Warum steht c für die Lichtgeschwindigkeit?
- Wie kommt c zu seinem Wert?
- Was wäre, wenn c einen anderen Wert hätte?

Anschließend werden wir uns dann sechs anderen Fragestellungen widmen, die völlig unabhängig vom physikalischen Wert von c diskutiert werden können:

- Welche Bedeutung hat c für die Wissenschaften?
- Was hat c mit Glauben zu tun?
- Was hat c mit Liebe und Wissen zu tun?
- Welche Rolle spielt c innerhalb der Schöpfung?
- Wie verhält sich c zur Ewigkeit und zum Jenseits?
- Warum sollte die Seele auf c beschleunigen?

Warum steht c für die Lichtgeschwindigkeit?
In der heutigen Physik wird mit dem Symbol c die Lichtgeschwindigkeit bezeichnet. Dies war aber nicht schon immer so. Im 19. Jahrhundert und auch noch zu Beginn des 20. Jahrhunderts war es üblich, das groß geschriebene V hierfür zu verwenden. Der Ursprung für das Symbol c geht zurück auf die sog. Webersche Konstante aus einer Veröffentlichung von Weber und Kohlrausch im Jahr 1856 [53]. Denn diese Konstante entspricht bis auf einen Multiplikationsfaktor exakt der Lichtgeschwindigkeit. Paul Drude hat dann im Jahr 1894 die Geschwindigkeit von elektromagnetischen Wellen generell mit dem Symbol c bezeichnet [54], wobei er aber an dem V für die Geschwindigkeit von Lichtwellen festhielt. Erst als Einstein im Jahr 1907 in allen seinen Publikationen endgültig das V durch das c ersetzte, wurde letzteres zum Standardsymbol für die Lichtgeschwindigkeit. Es liegt nahe anzunehmen, dass sich das Symbol c auch deshalb durchgesetzt hat, weil es den Anfangsbuchstaben des lateinischen Wortes *celeritas* (auf Deutsch: die Geschwindigkeit) darstellt.

Inzwischen ist bekannt, dass sich nicht nur Licht mit c ausbreitet. Licht stellt nämlich nur einen kleinen Teil des Spektrums aller elektromagnetischen Wellen dar. Tatsächlich aber bewegt sich jede elektromagnetische Welle mit c fort. Einstein hat in seiner speziellen Relativitätstheorie aus dem Jahr 1905 zum ersten Mal postuliert, dass c für alle unbeschleunigt bewegten Koordinatensysteme den gleichen Wert hat [2]. Aus diesem Grund wird c in den Naturwissenschaften auch oft als Einsteins Konstante bezeichnet. Darüber hinaus breiten sich auch die Gravitationswellen mit c aus, die Einstein in seiner allgemeinen Relativitätstheorie aus dem Jahr 1915 voraussagt [55].

Wie kommt c zu seinem Wert?
Im Jahr 1676 hat Ole Rømer mit einem Teleskop die Bewegung des Jupitermondes Io untersucht und dabei die Lichtgeschwindigkeit quantitativ abgeschätzt [56]. Heute beträgt der Wert von c genau 299792458 m/s. Dieser Wert ist deshalb exakt, weil er so definiert ist. Du wirst dich vielleicht über den krummen Wert wundern. Aber er ist historisch bedingt. Denn seit dem Jahr 1967 wird das Zeitmaß „eine Sekunde" definiert als die Dauer von genau 9192631770 Schwingungen des Cäsium-Atoms. Und seit dem Jahr 1983 wird das Längenmaß „ein Meter" – welches im 19. Jahrhundert z. B. noch über die Länge eines Platinlineals in Paris festgelegt war – definiert als die Strecke, die das Licht in exakt einer 1/299792458stel Sekunde zurücklegt. Der Hauptgrund für diese Festlegung besteht darin, dass sich heute die Zeit mit einer höheren Genauigkeit messen lässt als eine Länge.

Wir können also behaupten, dass c genau den Wert 299792458 m/s hat. Offen bleibt dagegen die Frage, warum sich denn alle elektromagnetischen Wellen mit eben diesem Wert ausbreiten und nicht langsamer oder schneller. Hierzu können wir heute nur feststellen: Wir wissen es nicht! Vielleicht wird es aber irgendwann einmal eine vereinheitlichte Theorie aller Naturkräfte geben, die uns erklären kann, warum dies so ist.

Was wäre, wenn c einen anderen Wert hätte?
Vom mathematischen Standpunkt aus gesehen gibt es grundsätzlich drei verschiedene Möglichkeiten für den Wert von c: Entweder hat c den Wert null, oder c hat theoretisch den Wert „unendlich“, oder aber c hat irgendeinen endlichen Wert zwischendrin (z. B. exakt den Wert 299792458 m/s). Im ersten Fall könnte das Leben in der uns bekannten Form nicht existieren, denn es beruht auf dem Austausch von Energie. Und das Licht (z. B. das Sonnenlicht) stellt einen ganz essentiellen Energieträger dar. Im zweiten Fall ließen sich Beispiele finden, in denen das Kausalitätsprinzip außer Kraft gesetzt wäre, welches besagt, dass die Wirkung immer ihrer Ursache zeitlich nachfolgt. Zum Beispiel würden dann die Lichtabstrahlung der Sonne und die daraus resultierende Erwärmung der Erde zeitgleich erfolgen. Tatsächlich braucht das Sonnenlicht aber etwa acht Minuten, bis es die Erdoberfläche erreicht. Nur im dritten Fall, wenn nämlich die Lichtgeschwindigkeit einen endlichen Wert annimmt, kann das Leben existieren, und es gilt immer das uns so sehr vertraute Kausalitätsprinzip. Nach Immanuel Kant ist dieses Prinzip übrigens auch eine der Voraussetzungen für unser Vorstellungsvermögen, so wie der Raum, die Zeit und das eigene Ich (siehe hierzu auch das fünfte Experiment im Kapitel „Deine Experimente“).

Nun ist in jüngster Zeit mehrfach behauptet worden, dass ein Leben in der uns bekannten Form nicht möglich wäre, wenn die Naturkonstanten – wozu auch die Lichtgeschwindigkeit zählt – geringfügig andere Werte hätten [57-59]. Daraus wird dann gerne das sog. anthropische Prinzip abgeleitet, dass nämlich die Natur derart fein abgestimmt sei, dass sie unweigerlich den Menschen hervorbringen musste. Ich selbst denke allerdings, dass es sinnlos ist, diese Frage noch weiter zu vertiefen. Denn c hat nun einmal einen bestimmten Wert. Und wir Menschen können diesen Wert deshalb hinterfragen, entweder, weil wir nur aufgrund dieses c-Wertes existieren, oder aber weil wir vielleicht auch unabhängig von diesem c-Wert existieren würden. In beiden Fällen führt uns eine „Was wäre wenn"-Frage nicht weiter, weil c eben keinen anderen Wert hat.

Welche Bedeutung hat c für die Wissenschaften?
Ganz unabhängig von dem physikalischen Wert von c dürfen wir die Frage stellen, welche Bedeutung die Lichtgeschwindigkeit für die Wissenschaften hat. Und zwar für die Naturwissenschaften wie die Physik als auch für die Geisteswissenschaften wie die Philosophie oder die Theologie.

In der modernen Physik steht das Symbol c heute ganz allgemein für die Ausbreitungsgeschwindigkeit von allen elektromagnetischen Wellen und somit auch speziell von allen Lichtwellen. Außerdem gehen die Naturwissenschaftler davon aus, dass nichts schneller transportiert werden kann als das Licht. Folglich ist c zusätzlich auch noch die maximale Geschwindigkeit für alles, was transportiert werden kann, also auch für die Verbreitung einer Information. Diese Tatsache hat wichtige Auswirkungen auf die Kommunikationswissenschaften, weil z. B. diejenigen Informationen, die über einen stationären Satelliten in ca. 36000 km Höhe übertragen werden – wie z. B. ein Telefonat aus Übersee oder das Satellitenfernsehen –, erst frühestens eine Viertel Sekunde später beim Empfänger verfügbar sein können.

Es stellt sich noch die Frage, ob c auch eine Bedeutung haben kann für die Philosophie und für die Theologie. Wir haben bereits diskutiert, dass ein endlicher c-Wert eine wichtige Voraussetzung ist für die Gültigkeit des Kausalitätsprinzips. Hierin äußert sich also bereits eine ganz zentrale Bedeutung von c für die Philosophie. Wie aber steht es mit der Theologie? Dürfte sie etwa argumentieren, dass c eine eher naturwissenschaftliche Größe sei und deshalb gar keinen Platz habe in der Theologie? Oder etwas überspitzt formuliert: Dürfte die Theologie all die Erkenntnisse ignorieren, die in diesem Buch stehen? Wenn sie das täte, würde sie sich nicht dem Dialog mit den Naturwissenschaften stellen. Und das wäre nicht gerade fair, weil doch inzwischen viele Naturwissenschaftler auch den Dialog mit der Theologie suchen. Schaue doch mich an. Ich erforsche gemeinsam mit dir und mit unserem Raumschiff den Weltraum. Ich bin also Naturwissenschaftlerin. Aber auch ich bin auf der Suche nach Gott oder dem Wesen, das für die Schöpfung verantwortlich ist.

Nun könntest du die heutige Theologie verteidigen und argumentieren: Wie soll denn die Theologie in den Dialog mit den Naturwissenschaften treten, wenn ihr zentrales Element – die Liebe – nicht Bestandteil des naturwissenschaftlichen Denkens ist?

Meine Antwort lautet: Vielleicht ist die Liebe ja doch ein Bestandteil der Naturwissenschaften? Vielleicht äußert sie sich ganz einfach in dem Bestreben der Natur nach Harmonie? Aber bevor wir näher auf dieses Thema eingehen, wollen wir zunächst nochmals auf die Glaubensfragen innerhalb der Physik zu sprechen kommen.

Was hat c mit Glauben zu tun?

Wir haben in diesem Buch schon mehrfach festgestellt, dass auch Physiker manchmal etwas „glauben" müssen. So zum Beispiel, dass die Ruhemasse eines Photons den Wert null hat oder dass die Natur sehr einfache und symmetrische Zusammenhänge bevorzugt.

Betrachten wir nun aber doch einmal diese eigenartige Lichtgeschwindigkeit, über die wir beide in diesem Buch gestolpert sind. Denn – auch wenn wir ihren krummen Wert als Folge einer Definition entlarvt haben – so bleiben uns doch Einstein und die Natur die Antwort auf die folgende Frage schuldig: Warum eigentlich hat c für alle unbeschleunigt bewegten Koordinatensysteme den gleichen Wert? Wir können dies niemals beweisen, denn es gibt unendlich viele Koordinatensysteme. Welcher inneren Eingebung ist also Einstein gefolgt, als er dieses Postulat aufstellte? Die Antwort ist relativ einfach: Einstein hat geglaubt! Er hat geglaubt, dass sich die Natur so verhält. Und zwar weil es die symmetrischste Lösung für diese Koordinatensysteme ist, wenn sie alle gleichwertig sind und keines in irgendeiner Form ausgezeichnet ist.

Was hat c mit Liebe und Wissen zu tun?
Was wir soeben als „Einsteins Glauben“ interpretiert haben, gilt bereits heute – also 100 Jahre später – als allgemein anerkanntes Wissen: c hat offensichtlich für alle unbeschleunigt bewegten Koordinatensysteme den gleichen Wert, denn seither haben es alle Experimente eindrucksvoll bestätigt. Und jede Physikerin und jeder Physiker empfindet dieses Wissen als eine äußerst ergreifende Bestätigung für das Streben unserer Natur nach Einfachheit und Symmetrie. Und was denn sonst könnte hinter einem solchen Streben stehen als eine unermessliche Liebe zur Harmonie? Folglich kann die Liebe durchaus auch als ein wichtiger Bestandteil von den Naturwissenschaften angesehen werden: Die Liebe äußert sich einfach in dem riesigen Harmoniebedürfnis unserer Natur.

Um dieses Thema zu vertiefen, wollen wir nochmals auf unsere erste Bekanntschaft mit der Lichtgeschwindigkeit eingehen. Wir sind ihr in diesem Buch zum ersten Mal begegnet, als wir den Searchlight-Effekt diskutiert haben. Dieser führte uns bei sehr hohen Geschwindigkeiten zur Vision eines Tunnels, der in eindrucksvoller Analogie auch in vielen Berichten von Nahtoderfahrungen auftaucht. Und weil wir eben noch über den Glauben innerhalb der Naturwissenschaften philosophiert haben, frage ich dich: Warum sollten wir eigentlich nicht auch denjenigen Menschen Glauben schenken, die bereits eine Nahtoderfahrung gemacht haben? Etwa nur deshalb nicht, weil sich solche Nahtoderfahrungen nicht im naturwissenschaftlichen Sinne reproduzieren lassen?

Wie bereits erwähnt liegen inzwischen viel zu viele Berichte von Nahtoderfahrungen vor, als dass man sie guten Gewissens einfach ignorieren könnte. Deshalb wollen wir jetzt auch in diesem Kapitel nochmals auf die wichtige Bedeutung von den Nahtoderfahrungen zu sprechen kommen. Sie könnten nämlich zukünftig eine Art Vermittlerfunktion erfüllen im Dialog zwischen den Naturwissenschaften und den Religionen. Denn es kann wohl kaum ein Zufall sein, dass in sehr vielen Nahtoderfahrungen zwei zentrale Elemente – nämlich das Geben von Liebe und der Erwerb von Wissen – als das Allerwichtigste im Leben dargestellt werden. Dazu folgt ein Zitat aus dem Bestseller *Leben nach dem Tod* von Raymond Moody: „Das Lichtwesen ... habe sie (die Menschen) ... besonders auf die Bedeutung zweier Dinge im Leben hingewiesen: andere Menschen lieben zu lernen und Wissen zu erwerben.“ [60]

Und in dem sehr detaillierten Bericht einer anderen Nahtoderfahrung finden wir die folgende Schilderung: „Von allen Seiten des Universums ergoss sich die Liebe in mich. Ich wurde noch immer mit anscheinend großer Geschwindigkeit vorwärts getrieben ... Dann erschien weit vor mir, am anderen Ende meines kaleidoskopischen Tunnels, ein winziger Lichtpunkt. Er wurde größer und größer, je näher ich ihm kam, bis ich endlich an meinem Ziel angelangt war. Dort herrschte sofort totale, absolute Bewusstheit ... Ich konnte Gott nicht sehen, so wie ich Sie sehen kann. Aber trotzdem wusste ich, dass er es war. Ein Licht, eine Schönheit, die von innen unendlich in alle Richtungen strahlte und jedes Atom des Daseins berührte. Die Harmonie von Farbe, Form und Melodie hatte hier im Licht ihren Ursprung. Es war Gott, seine Liebe, sein Licht, sein essentielles Wesen, die Kraft der Schöpfung, die bis an die Enden der Ewigkeit ausstrahlte ... Ich war dort, und das war das Wichtigste, was ich mir vorstellen konnte. Er sagte mir viele Dinge, an die ich mich kaum oder gar nicht mehr erinnern kann. Ich weiß nur noch, dass wir sprachen oder, genauer gesagt, er erleuchtete mich, und ich lernte. Damals schien es mir, als würde dieser Austausch Stunden oder ganze Zeitalter lang dauern; heute kommt es mir so vor, als wären innerhalb von Augenblicken ganze Zeitalter verstrichen. Ich weiß von diesem Austausch nur noch ... dass Gott mir sagte, es gebe nur zwei Dinge, die wir mitnehmen können, wenn wir sterben ... Liebe und Wissen ... Also solle ich über beide so viel wie möglich in Erfahrung bringen.“ [61]

In den letzten beiden Zitaten dürfen wir das Geben von Liebe sicher als das zentrale Ziel der Weltreligionen betrachten. Und der Erwerb von Wissen darf unbestritten angesehen werden als das zentrale Ziel der Naturwissenschaften. Folglich verkörpern gerade die Nahtoderfahrungen in einer äußerst eindrucksvollen Weise das, was doch eigentlich den Religionen und den Naturwissenschaften am meisten am Herzen liegen sollte: nämlich die Rechtfertigung des jeweils eigenen zentralen Zieles!

Es gibt aber noch eine andere Eigenschaft der Nahtoderfahrungen, die sehr auffällig ist: Sie laufen meistens nach dem gleichen Schema ab. Die Kernaussagen fast aller bekannten Nahtoderfahrungen ähneln sich in sehr eindrucksvoller Weise, auch wenn sie von Menschen unterschiedlichster Herkunft, Kulturkreise und Religionen geschildert werden. So ist es doch wirklich äußerst erstaunlich, dass Christen, Juden und Muslime gleiche Elemente in ihren Nahtoderfahrungen beschreiben wie Buddhisten oder Hindus [62]. Nur das Licht offenbart sich auf verschiedene Weise, nämlich als die jeweils angepriesene Gottheit. Selbst die Nahtoderfahrungen von ungläubigen Menschen decken sich in ihren Kernaussagen mit denen von Gläubigen [62]. Im Grunde können wir also feststellen, dass die Gemeinschaft der Nahtoderfahrenen etwas bewerkstelligen konnte, was unsere großen Religionen bislang nicht erreicht haben: gegenseitige Akzeptanz und Anerkennung.

Nahtoderfahrungen stellen somit eine Art Verbindung zwischen verschiedenen Religionen her. In ähnlicher Weise könnten sie auch zwischen den verschiedenen Weltbildern – insbesondere dem physikalischen und dem theologischen Weltbild – vermitteln. Und zwar unterstützt von den Erkenntnissen der speziellen Relativitätstheorie und der Quantenphysik, so, wie in diesem Buch aufgezeigt. Um so weniger ist für mich nachvollziehbar, warum gerade die Nahtoderfahrungen so vehement von allen Seiten attackiert werden. Folglich kommt jetzt auch die Rüge an meine eigenen Kollegen, nämlich die Naturwissenschaftler, nicht von ungefähr: Ihr steht den Theologen in nichts nach, was die Skepsis gegenüber Nahtoderfahrungen angeht. Dabei rechtfertigen doch gerade diese Berichte euer eigenes Streben nach dem Erwerb von Wissen.

Um aber abschließend die Gemüter aller Theologen und Naturwissenschaftler wieder etwas zu beruhigen, möchte ich Folgendes feststellen: Alle Erkenntnisse in diesem Buch schmälern weder die Bedeutung der Naturwissenschaften noch die der Theologie. Denn die Erkenntnisse widersprechen weder unserem aktuellen naturwissenschaftlichen Weltbild, noch stellen sie einen Angriff auf theologische Glaubensgrundsätze dar.

Welche Rolle spielt c innerhalb der Schöpfung?

Als wir die relativistische Massenzunahme besprochen haben, kamen wir zu der Feststellung, dass die Lichtgeschwindigkeit eine natürliche Grenze oder Barriere für alles Materielle in dieser Welt darstellt. Daraus leiteten wir ab, dass alle materiellen Werte in dieser irdischen Welt zurückbleiben müssen und nur immaterielle Werte im Jenseits Bestand haben können. Hierbei könnte es sich natürlich auch um den tieferen Sinn eines Schöpfers handeln. Da drängen sich doch gleich die Fragen auf: Welchen Platz hat eigentlich der Schöpfer in unseren modernen Naturwissenschaften? Und welche Rolle spielt er noch in einer Zeit, in der immer mehr Menschen aus den Kirchen austreten?

Auch in diesen Fragen können uns übrigens die vielen neuzeitlichen Berichte von Nahtoderfahrungen einen wichtigen Dienst erweisen: Sie sind alle in unserer modernen Sprache verfasst und orientieren sich nicht an jahrtausendealten Überlieferungen wie sehr viele religiöse Schriften. Antike Texte mögen zwar in ihrem Kern das Gleiche aussagen, erreichen aber gerade viele junge

Menschen heutzutage nicht mehr, weil sie von ihren Metaphern und ihrem Sprachgebrauch her ganz einfach nicht mehr in unsere Zeit passen. Gerade deshalb ist es ganz wichtig, dass sich auch die moderne Theologie dem Dialog mit den Nahtoderfahrungen stellt und sich nicht mehr gegenüber dem heutigen Wissensdurst der Gläubigen verschließt. Ich will nicht so weit gehen wie Hoimar von Ditfurth, der in den Naturwissenschaften die moderne Sprache der Theologie sieht, eben weil religiöse Botschaften immer mehr von einer archaischen Sprache verdeckt werden [63]. Aber Hoimar von Ditfurth findet genau die treffende Formulierung, wenn er behauptet, dass „die Evolution identisch ist mit dem Augenblick der Schöpfung“ [64]. So gelingt ihm der dringend notwendige, versöhnliche Brückenschlag zwischen den Naturwissenschaften und der Theologie. Diese Brücke ist versöhnlich, weil der naturwissenschaftliche Begriff „Evolution“ und der theologische Begriff „Schöpfung“ auf dieselbe Ebene gestellt werden. Wir können sogar noch einen Schritt weitergehen und den Schöpfer der Welt als den Motor der Evolution bezeichnen.

Als Menschen sind wir leider geneigt, uns selbst als das Ziel der Evolution zu betrachten, auch wenn ein solcher Schluss sicher sehr voreilig ist. Warum sollte die Evolution, die entsprechend der Abbildung 16 in dem Kapitel „Ein kurzer Exkurs über Raum und Zeit“ bereits fast 4 Milliarden Jahre andauert, ihre Krönung ausgerechnet in der Menschheit finden? Ich betrachte es übrigens als einen schmeichelnden Zufall, dass einer unserer ersten Vorfahren – ein Fund in Äthiopien – auch Lucy heißt [65]. *(Anmerkung des Autors: In der*

Tat stand Lucys Name bereits fest, als mich mein Vater auf den äthiopischen Fund hinwies.) Liegt denn nicht eine andere Schlussfolgerung viel näher, dass nämlich alles Leben als gleichwertig innerhalb der Schöpfung zu betrachten ist? Und dass deshalb alles Leben – also nicht nur die Menschheit – mit dem körperlichen Tod in ein einheitliches Etwas übergehen wird, das wir als Jenseits bezeichnen? Ein Jenseits, in dem alles Leben vor der körperlichen Geburt schon einmal war und in das es mit dem körperlichen Tod wieder zurückkehrt. Dieser Gedanke ist nicht neu. Er ist im Kern in den meisten Religionen enthalten, nur dass er sich oft auf die Menschheit allein bezieht. Der Buddhismus zeigt sich in dieser Hinsicht wesentlich fortschrittlicher, weil er davon ausgeht, dass auch die Tiere beseelt sind. Der Hinduismus bezieht sogar noch die Pflanzen mit ein.

Wenn wir den Gedanken konsequent zu Ende denken, dass die Evolution identisch ist mit dem Augenblick der Schöpfung, dann führt uns dies zu der folgenden wichtigen Schlussfolgerung: Jedes Lebewesen – also auch jeder Mensch – trägt seinen wichtigen Teil dazu bei, dass diese Schöpfung gelingt. Oder noch etwas provokanter formuliert: Wir alle sind für den Erfolg dieser Schöpfung verantwortlich! Einen großen Schritt in diese Richtung können wir gehen, wenn wir unser Handeln jederzeit nach dem kategorischen Imperativ ausrichten. Wenn wir also stets so handeln, wie wir es auch von unseren Mitmenschen erwarten. Dann könnte uns als Belohnung das „Licht des Lebens“ zuteil werden, wie es der Spruch zum Kapitelanfang verheißt.

Wie verhält sich c zur Ewigkeit und zum Jenseits?
Die in diesem Buch beschriebenen fünf Indizien legen die Vermutung nahe, dass die Lichtgeschwindigkeit eine Art „Eintrittskarte“ für die Ewigkeit und für das Jenseits darstellt. Hierbei kommen den einzelnen Indizien die folgenden Bedeutungen zu:

- Der Searchlight-Effekt führt bei der Beschleunigung der Seele ins Jenseits zur Vision eines Tunnels.
- Die relativistische Massenzunahme verhindert, dass Materielles ins Jenseits gelangt.
- Die Zeitdilatation sorgt dafür, dass im Jenseits die Zeit still steht – also Ewigkeit herrscht.
- Die Längenkontraktion bewirkt, dass im Jenseits Distanzlosigkeit besteht – also Omnipräsenz herrscht.
- Der Welle-Teilchen-Dualismus indiziert, dass die Seele kollektive und individuelle Aspekte hat.

In dieser Form äußern sich also die von mir eingangs angekündigten Entsprechungen zwischen dem physikalischen und dem theologischen Weltbild. Weitere Entsprechungen ergeben sich, wenn wir das zugrunde liegende theologische Weltbild näher spezifizieren. So existiert z. B. im Christentum und im Islam – also in zwei der drei großen monotheistischen Religionen – der Begriff einer „Auferstehung zum ewigen Leben“. Eine solche Auferstehung findet ihre physikalische Entsprechung in der Beschleunigung der Seele auf Lichtgeschwindigkeit. Die Liebe, die speziell im Christentum als Gnade anzutreffen ist, findet – wie bereits diskutiert – ihre Entsprechung in dem großen Harmoniebedürfnis der Natur. Und in einer äußerst weit verbreiteten Richtung des Buddhismus, dem sog. „Buddhismus des Reinen Landes“, wird die beim Sterbeprozess auftretende Lichterfahrung sogar zu einer Buddhafigur erhoben, dem sog. Amidha-Buddha. Folglich beruht diese Form des Buddhismus direkt auf Sterbeerfahrungen! Schröter-Kunhardt stellt in diesem Zusammenhang fest, dass „Nahtoderfahrungen nicht nur religionstragend wirken, sondern zuweilen sogar religionsstiftend“ [66]. Es gibt also Religionen, deren Jenseitsbilder direkt auf Nahtoderfahrungen basieren. Damit bestätigt sich auch die Vermutung der britischen Wissenschaftler Roberts und Owen, dass sich Kulturen und Nahtoderfahrungen gegenseitig prägen [67].

Alle Ergebnisse dieses Buches sowie die wichtigsten Entsprechungen zwischen den Weltbildern habe ich in Tabelle 5 für dich zusammengefasst! Sie ist nach der Lektüre von diesem Buch selbsterklärend: Die Nahtoderfahrungen habe ich in die Mitte platziert, weil ihnen eine eigene, kulturübergreifende Philosophie zugrunde liegt, die – wie diskutiert – eine Vermittlerfunktion übernehmen kann zwischen den Naturwissenschaften und der Theologie. Die ersten sechs Zeilen befassen sich mit meiner zentralen Hypothese und den fünf Indizien. Die folgende Zeile ordnet die im Buch verwendeten Synonyme „Bewusstsein“, „geistiges Ich“ und „Seele“ den einzelnen Wissenschaften zu. Das Jenseits oder Nirwana ist als die Aufhebung von Raum und Zeit zu betrachten. Die letzten drei Tabellenzeilen widmen sich den zentralen Elementen unserer Welt und ihrem gelobten Schöpfer.

Tab. 5: Entsprechungen zwischen verschiedenen Weltbildern

Naturwissenschaft	Nahtoderfahrung/Philosophie	Theologie
Beschleunigung auf c	Übergang ins Jenseits	Auferstehung
Searchlight-Effekt	Tunnelerlebnis	Weg ins Licht
Relativistische Massenzunahme	c als Barriere für Materielles	Vergänglicher Körper
Grenzfall der Zeitdilatation	Zeitlosigkeit	Ewigkeit
Grenzfall der Längenkontraktion	Distanzlosigkeit	Omnipräsenz
Welle-Teilchen-Dualismus	Kollektiv und Individuum	Gott und Mensch
Bewusstsein	Geistiges Ich	Seele
Aufhebung von Raum und Zeit	Raum- und Zeitlosigkeit	Jenseits, Nirwana
Evolution	Wissen	Schöpfung
Harmonie	Liebe	Liebe, Gnade
Motor der Evolution	Licht, Lichtwesen	Schöpfer, Gott

Warum sollte die Seele auf c beschleunigen?
Wir alle sind in unseren Denkweisen auch sehr stark von zugrunde liegenden religiösen Einstellungen geprägt – abhängig davon, ob wir z. B. Anhänger des Christentums sind, des Judentums, des Islam, des Buddhismus, des Hinduismus oder ob wir gar nicht gläubig sind. Ich selbst bin eine Christin und will dir deshalb an dieser Stelle noch eine ganz persönliche Empfehlung mit auf deinen weiteren Weg geben. Diese Empfehlung beruht zwar auf meinem eigenen Glauben, kann aber inhaltlich in einer ähnlichen Form auch aus anderen Weltbildern abgeleitet werden: Nehmen wir beide doch Christus beim Wort, wenn er im Johannes-Evangelium sagt, er sei das Licht der Welt und wer ihm nachfolgt, wird das Licht des Lebens haben (siehe den Spruch zum Kapitelanfang). Er selbst ist es nämlich, der sich als das Licht der Welt bezeichnet. Und wenn wir ihm nachfolgen – und dem, wofür er gelebt hat, – so werden auch wir das Licht des Lebens erfahren. Wir müssen begreifen, dass es das Licht ist, welches uns mit dem Jenseits verbindet. Oder mit dem wichtigen 2. Indiz formuliert: Licht hat keine Ruhemasse und kann deshalb – wie auch unsere Seele – die Barriere zwischen dem Diesseits und Jenseits überwinden. Ja, vielleicht ist das Licht sogar die Sprache im Jenseits? Hat es somit einen tieferen Sinn, wenn wir Kerzen für Verstorbene anzünden?

Wer nun aber nicht wie ich dem Christentum angehört, der entdeckt vielleicht auch in seinem eigenen Weltbild ein vergleichbares Licht, dem er nachfolgen kann, so wie z. B. das bereits zitierte Licht des Amidha-Buddha. Ich selbst bin aber nicht nur tolerant in Bezug auf die Religionen, sondern auch im Dialog zwischen den unterschiedlichen

Wissenschaften: Wenn die Naturwissenschaften heute von den Religionen erwarten, dass sie die Evolutionstheorie anerkennen, dann dürfen doch wohl auch die Religionen im Gegenzug von den Naturwissenschaften erwarten, dass sie die Existenz einer Seele anerkennen.

In diesem Sinne wollen wir uns der wohl interessantesten Frage überhaupt zuwenden: Warum eigentlich sollte unsere Seele mit dem körperlichen Tod auf Lichtgeschwindigkeit beschleunigt werden? Oder etwas provokanter formuliert: Welchen Sinn hätte eine solche Beschleunigung noch, wenn die Seele danach abrupt aufhörte zu existieren? Ich will dich darauf hinweisen, dass diese Frage keinerlei Bezug hat zur klassischen Frage nach dem Sinn des Lebens. Es ist vielmehr eine Frage, die ganz unabhängig davon gestellt werden darf, weil sie ein bereits abgeschlossenes irdisches Leben voraussetzt. Mir persönlich fällt keine andere Antwort ein, als dass unsere Seele beschleunigt wird, damit sie in eine andere Daseinsform übergehen kann. Das heißt zwar nicht, dass keine andere Antwort auf diese Frage möglich wäre. Aber ich halte es doch für äußerst unwahrscheinlich, dass eine in vielfacher Hinsicht gut durchdachte Natur eine Beschleunigung der Seele auf Lichtgeschwindigkeit zulassen würde, wenn danach ohnehin alles zu Ende wäre.

Mit dieser Vorgabe will ich nun die wichtigste Aussage des letzten Absatzes nochmals für dich wiederholen. Denn dadurch wird meine zentrale Hypothese von Seite 19 zwar nur geringfügig – aber doch in einer ganz bedeutsamen Weise – modifiziert und stellt nun gewissermaßen die Quintessenz dieses Buches dar:

Mit dem körperlichen Tod wird unsere Seele
(unser geistiges Ich, unser Bewusstsein)
auf Lichtgeschwindigkeit beschleunigt,
damit sie ins Jenseits übergehen kann.

Hierbei handelt es sich um eine Beschleunigung im physikalischen Sinne und um das Jenseits im theologischen Sinne. Bitte mache dir wirklich bewusst, dass sich diese Aussage sowohl auf physikalische als auch auf theologische Begriffe stützt. Somit führt unsere Reise nämlich zu dem höchst interessanten Schluss, dass sich religiöse und naturwissenschaftliche Denkweisen derart ergänzen, dass die Existenz eines Lebens nach dem Tod zwingend notwendig erscheint. Punkt.

Etwas Vorletztes

Wenn das Ich-Bewusstsein den physischen Tod überlebt,
sind alle wissenschaftlichen Erkenntnisse
nur etwas Vorletztes.
(Martin Buber)

Diesem treffenden Zitat von Martin Buber habe ich nichts mehr hinzuzufügen.

So will ich dich nun sicher und unversehrt in unserem Raumschiff zur Erde zurückfliegen. Also schnalle dich bitte nochmals kurz an und halte dich gut fest. Es dauert nur einen kleinen Moment ...

... da sind wir wieder in deiner vertrauten Umgebung! Verstehst du jetzt, wie besonders und einzigartig diese Lichtgeschwindigkeit ist? Sie stellt ein realitätsbezogenes Fundament für meine Theorie dar, denn die Lichtgeschwindigkeit ist keine fiktive, sondern eine ganz *reale* Geschwindigkeit, wie es uns das Licht täglich beweist.

An dieser Stelle will ich mich nun von dir verabschieden. Es hat mir eine riesige Freude bereitet, dass du mich in unserem Raumschiff begleitet hast. Ich hoffe sehr, dass auch du deinen Spaß dabei hattest und dass wir uns vielleicht eines Tages irgendwo wiedersehen werden.

Es grüßt dich herzlichst
deine Lucy mit c

Der Epilog

Liebe Leserin, lieber Leser,
Sie werden kaum erahnen können, wie viele Anfragen, Zuschriften, Lob und Kritik wir beide – Lucy und ich – in Bezug auf die ersten zwei Auflagen dieses Buches bereits erhalten haben! An dieser Stelle möchten sich Lucy und ich herzlich dafür bedanken. Ich versichere Ihnen, dass wir jede Anregung ernst nehmen und persönlich prüfen.

In dieser 4. Auflage habe ich nun zahlreiche Ergänzungen (u. a. die neue Abbildung 2 zur Erklärung des Searchlight-Effekts und die Schlussfolgerungen am Ende der Indizien-Kapitel) berücksichtigt. Oft werde ich gefragt, wie denn unsere Seele ohne die Sinnesorgane noch irgendetwas wahrnehmen könne und wie sie irgendeinen Ort erreichen könne. Diese Fragen sind berechtigt, und ich unternehme im Rahmen dieser Neuauflage eine erste Interpretation (siehe hierzu die Ergänzungen im „Experiment 5“). Meine Antwort auf diese Fragen lässt sich einfach zusammenfassen, was ihre Glaubwürdigkeit in meinen Augen stark erhöht, denn Einfachheit ist allzu oft der Schlüssel zur Wahrheit: „Irgendetwas wahrnehmen“ und „irgendeinen Ort erreichen“ sind zwei typische Vorgänge, die unsere Strukturen von Zeit und Raum voraussetzen. Wenn wir aber davon ausgehen, dass diese Strukturen im Jenseits aufgehoben sind, dann können Fragen wie „Wie nehme ich irgendetwas wahr?“ oder „Wie erreiche ich irgendeinen Ort?“ sinnvoll nur in Bezug auf das Diesseits gestellt werden, nicht aber in Bezug auf das Jenseits.

Einigen Leserinnen und Lesern fällt es auch schwer, sich auf die Argumente dieses Buches einzulassen, weil sie von vornherein nicht an ein Jenseits glauben. Das ist und bleibt ihr gutes Recht. Wie im Prolog beschrieben, ist es nicht mein Anliegen, eine solche Einstellung zu kritisieren, denn beweisen lässt sich die Existenz des Jenseits nicht. Lucy möchte aber auch diese Leserinnen und Leser einladen, einmal eine zunächst fremd erscheinende Argumentation zumindest gedanklich nachzuvollziehen. Genau Sie – liebe Leserin, lieber Leser – brauchen einfach nur die zentrale Hypothese dieses Buches, dass nämlich unsere Seele mit dem Tod auf Lichtgeschwindigkeit beschleunigt wird, als eine Art „Arbeitshypothese" anzunehmen. Sie haben also nichts zu verlieren, denn später dürfen Sie diese Hypothese wieder verwerfen, falls Ihnen die Schlussfolgerungen nicht glaubwürdig erscheinen. Ich will daher nochmals betonen: Sie brauchen sich nur auf diese Hypothese einzulassen und schon haben theologische Begriffe wie Ewigkeit, Omnipräsenz und Jenseits auch ihre naturwissenschaftlichen Entsprechungen. Plötzlich passt alles zusammen wie bei einem Puzzle, selbst die Erkenntnisse der Sterbeforschung!

Deshalb will ich auch alle Leserinnen und Leser dieses Buches herzlichst bitten, Lucys Gedanken nicht einseitig, sondern aus zwei Blickwinkeln zu bewerten: *naturwissenschaftlich* und *axiomatisch*. Vom naturwissenschaftlichen Standpunkt aus wird Lucys Hypothese unwissenschaftlich erscheinen, weil Lucy hierin eine spekulative Größe – nämlich unsere Seele – einführt. Aus diesem Grund verwendet Lucy übrigens auch ab dieser Auflage den Begriff „Hypothese" statt „These". Es geht in diesem Buch aber gar nicht um einen naturwissenschaftlichen Beweis für die Existenz des Jenseits.

Darum setzen Sie also bitte – vom axiomatischen Standpunkt aus – diese Hypothese als ein unbeweisbares Axiom voraus, und bewerten Sie dieses selbst nicht, sondern nur die logischen Schlussfolgerungen, die sich daraus ergeben. Dann aber geschieht das Erstaunliche: Es ergibt sich tatsächlich ein Zustand vergleichbar mit der Ewigkeit, in der die Zeit still steht; und eine Fähigkeit vergleichbar mit der Omnipräsenz, die uns allgegenwärtig sein lässt; und ein Befinden vergleichbar mit dem Jenseits, in dem Raum und Zeit aufgehoben sind. Allein aus der Annahme von Lucys zentraler Hypothese ergeben sich also Ewigkeit, Omnipräsenz und Jenseits als axiomatisch ableitbare Konsequenzen. Die Naturwissenschaft ist dabei immer noch beteiligt, weil unsere Schlussfolgerungen auf physikalisch fundierten Indizien beruhen. Also auf den Punkt gebracht: Nur eine einzige Hypothese – und der Brückenschlag zwischen Naturwissenschaft und Religion gelingt. Einfacher und deshalb auch glaubwürdiger kann ein konsistentes Weltbild in meinen Augen kaum sein. Ist unsere Seele in Anbetracht dessen wirklich so viel spekulativer als so manche exotischen, aber doch hypothetischen Elementarteilchen in der modernen Physik?

Ich will es nicht wegdiskutieren: Die Seele ist und bleibt die einzige spekulative Größe in meiner Theorie. Dabei sind mir esoterische Gedanken ebenso fremd wie Teilchen, die sich angeblich mit Überlichtgeschwindigkeit bewegen können (sog. Tachyonen). Die Endlichkeit der Lichtgeschwindigkeit spielt in meiner Theorie eine sehr wichtige Rolle, aber diese Theorie ist bestimmt nicht realitätsfremd: Denn die Lichtgeschwindigkeit ist trotz ihres singulären Charakters – und im Gegensatz zu den Tachyonen – eine ganz reale Geschwindigkeit, wie es uns das Licht täglich beweist.

Auch zum Stil dieses Buches äußern sich viele Leserinnen und Leser. Sie fühlen sich von Lucy persönlich berührt und angesprochen. Andere kritisieren das eher bescheidene Auftreten von Lucy. Aber genau so soll es doch sein: Lucy will sich nicht in den Vordergrund drängen. Es geht nicht um sie, sondern sie will nur eine Bezugsperson darstellen, um sich auch in einer persönlichen Atmosphäre mit dem Thema auseinander setzen zu können. Von den weiteren Anmerkungen zum Buchstil will ich stellvertretend nur zwei herausgreifen: Der Buchtitel sei nicht aussagekräftig genug, und die Duzerei sei fehl am Platze in einem seriösen Text. Beides will ich so nicht gelten lassen. Der Buchtitel soll natürlich in erster Linie neugierig machen (warum „mit c“?), der Untertitel lässt dann den Inhalt des Buches erahnen. Und das „du“ verwendet nur unsere Lucy, allerdings mit voller Absicht. Denn – wenn es wirklich ein Jenseits gibt – so kann ich mir nur schwer vorstellen, dass wir uns dort gegenseitig „siezen“ ...

Gestatten Sie mir noch ein paar Bemerkungen zu dem besonderen Wesen dieses Buches: Dieses Buch entstammt nicht einer Druckwalze, die immer nur den gleichen Text drucken kann. Nein, dieses Buch lebt davon, sich im Fluss zu befinden: Ergänzungen sind ausdrücklich erlaubt! Lucy beschreibt in diesem Buch einen ganz neuen Denkansatz, der nicht gerade den *Mainstream* der Natur- und Geisteswissenschaften darstellt. Solche Gedanken brauchen ihre Zeit und unterliegen einem natürlichen Reifungsprozess. Erst der wichtige Dialog mit Ihnen – liebe Leserin, lieber Leser – ermöglicht es Lucy, diese Gedanken zu formen, zu ordnen und zu bewerten. Unsere Kommunikationsvielfalt ist dabei natürlich eine große Hilfe, denn die meisten Zuschriften erhält Lucy per E-Mail! Somit ist dieses Buch von seinem Wesen her wohl ziemlich einzigartig: Alle, die zu diesem Thema etwas Sinnvolles beitragen können und wollen, dürfen mit ihren Anregungen auch am weiteren Entstehen dieses Buches aktiv mitwirken.

Mein Verlag, *Books on Demand*, kommt dem Reifungsprozess eines solchen Buches wie „Lucy mit c" von seiner Marketingstrategie her sehr entgegen: Sobald genügend neue Gedanken beisammen sind, die auch eine Neuauflage sinnvoll machen, wird nur ein „kleiner Schalter" umgelegt – nämlich die zusätzlichen Gedanken eingefügt –, und schon ist dieser neue Text überall verfügbar. So etwas ist natürlich nur dann möglich, wenn nicht gleich eine große Auflage auf Vorrat gedruckt wird, sondern wie bei *Books on Demand* jedes Buch individuell erst bei Auftragstellung (nämlich *on demand*) produziert wird. Alle Ergänzungen und Anregungen aus Ihrem persönlichen Feedback – liebe Leserin, lieber Leser – lassen sich dabei viel schneller und flexibler einbauen als bei einem konventionellen Verlag. Dadurch wird gewährleistet, dass Sie stets die aktuellste Version im Buchhandel erhalten.

Also: Nochmals ein ganz herzliches Dankeschön an alle! Auch im Namen von Lucy, die sich weiterhin sehr über jede Zuschrift freut. Lucys Kontaktadresse befindet sich am Ende dieses Buches. Und – wer weiß – vielleicht stellen gerade Ihre Anregungen die Grundlage dar für die nächste Auflage von „Lucy mit c".

Im Februar 2006
Markolf H. Niemz

Anhang A1: Wissenswertes über Nahtoderfahrungen

Was ist eine Nahtoderfahrung?
Unter einer Nahtoderfahrung (auf Englisch: near-death experience) versteht man ein Phänomen, das auftreten kann, wenn jemand für begrenzte Zeit in den Zustand des klinischen Todes gerät. Dabei wird erlebt, wie das Bewusstsein den eigenen Körper verlässt und in eine neue, transzendentale Wirklichkeit überwechselt.

Wann ereignet sich eine Nahtoderfahrung?
Eine Nahtoderfahrung kann ganz spontan stattfinden, wenn z. B. ein Mensch dem Tod nahe, klinisch tot ist oder im Koma liegt. Die meisten Nahtoderfahrungen ereignen sich während Wiederbelebungsmaßnahmen an einem Unfallort oder im Operationssaal. Eine Nahtoderfahrung kann aber auch während eines schweren Traumas oder während einer Meditation erlebt werden, ohne dass die Person dabei körperlich verletzt ist.

Was ereignet sich bei einer Nahtoderfahrung?
Menschen, die eine Nahtoderfahrung erleben, haben das Gefühl, ihren eigenen Körper zu verlassen, nach oben zu schweben und das Geschehen aus einer gewissen Höhe zu beobachten. Sie können sich häufig daran erinnern, was während der Nahtoderfahrung um sie herum geschehen ist, z. B. auch, was über sie gesagt und mit ihnen

getan worden ist. Sie empfinden spontan ein großes Wohlbefinden, haben keine Schmerzen und verlieren das Interesse an ihrem irdischen Körper. In dieser Phase werden die Sterbenden meist in einen dunklen Tunnel gezogen und steuern mit sehr großer Geschwindigkeit auf ein hell leuchtendes und Liebe ausstrahlendes Licht zu, das sich am Ende des Tunnels befindet. In diesem hellen Licht erscheint eine Art Lichtwesen, das die absolute Liebe und vollkommenes Wissen verkörpert. Das Lichtwesen und der Sterbende kommunizieren geistig miteinander in einer totalen Klarheit, die in dem Betroffenen ein Gefühl von Glückseligkeit und tiefem Frieden entstehen lässt.

In diesem Stadium kommt es bei Erwachsenen oft zu einer Lebensrückschau. Wie im Zeitraffer wird das ganze Leben nochmals nachempfunden. In Gegenwart des Lichtwesens werden alle Szenen nochmals aus der eigenen Perspektive erlebt, aber ebenso auch aus dem Blickwinkel der Menschen, die bei dem jeweiligen Ereignis beteiligt waren. Dieser Teil wird als sehr lehrreich eingestuft, weil durch ihn die Tragweite und die Auswirkungen aller Handlungen erst begriffen werden. Häufig kommt es dabei zu Begegnungen mit verstorbenen Verwandten oder Freunden. Es wird von einer Art Grenze berichtet, deren Überschreitung die Rückkehr ins Leben unmöglich machen würde. Die Nahtoderfahrung endet mit dem Wiedereintritt in den irdischen Körper, der meist gegen den eigenen Willen erfolgt. Die Rückkehr wird oft mit einer Art Aufgabe begründet, die auf der Erde noch erfüllt werden muss.

Wodurch wird eine Nahtoderfahrung beeinflusst?
In vielen Studien hat sich gezeigt, dass weder Nationalität, Religion, Bildungsniveau, sozialer Status, Alter noch Geschlecht das Auftreten und das Erlebnis einer Nahtoderfahrung beeinflussen. Allerdings ist die subjektive Auslegung der Nahtoderfahrung oft von religiösen Faktoren geprägt. Während z. B. Christen oft Christus in dem strahlenden Licht erkennen, offenbart sich dasselbe für Moslems als Allah. Es gibt jedoch keinen Unterschied hinsichtlich der Häufigkeit des Auftretens einer Nahtoderfahrung von Gläubigen und Nichtgläubigen. Auch die äußeren Umstände, die einen Menschen in Todesnähe bringen (Unfall, Krankheit, Herzinfarkt etc.), spielen hierbei keine Rolle. Selbst Kinder erleben klassische Nahtoderfahrungen, auch wenn sie von ihnen – entsprechend ihrer Sprache – einfacher strukturiert geschildert werden.

Welche Statistiken gibt es zu Nahtoderfahrungen?
Statistiken zeigen, dass ungefähr 20 % aller Menschen, die aufgrund verschiedener Ursachen in Todesnähe geraten, eine echte Nahtoderfahrung machen. Es wird angenommen, dass sich allein in den USA täglich etwa 774 neue Nahtoderfahrungen ereignen [68]. Hierbei wird die Gesamtzahl der US-Amerikaner, die in ihrem Leben bereits eine Nahtoderfahrung gemacht haben, auf ca. 15 Millionen geschätzt. Dies entspricht in etwa 5 % der Gesamtbevölkerung. Nach einer deutschen Studie haben ungefähr 4,3 % der befragten Personen eine Nahtoderfahrung gemacht, entsprechend einer Zahl von immerhin ca. 3,3 Millionen Deutschen [69]. Hochgerechnet

auf die europäische Bevölkerung muss es demnach ca. 20 Millionen Nahtoderfahrene allein in der europäischen Union geben. Der britische Herzspezialist Sam Parnia hat in einer wissenschaftlichen Studie 63 Herzinfarktpatienten untersucht [70]. Davon gaben 17 % das Auftreten von diffusen Erinnerungen oder einer Nahtoderfahrung an. Sein niederländischer Kollege Pim van Lommel hat sogar eine Studie mit 344 Herzinfarktpatienten durchgeführt [71]. Auch hier zeigte sich bei etwa 18 % aller Patienten das Auftreten von den Symptomen einer Nahtoderfahrung. Weitere Details hierzu befinden sich im Anhang A2.

Welche Folgen hat eine Nahtoderfahrung?
Die Nahtoderfahrung bewirkt in den meisten Fällen ein Hinterfragen von bisherigen Werten und Lebenszielen. Dies führt oft zu einer einschneidenden Lebenskrise und – betrachtet über einen Zeitraum von mehreren Jahren – zu einem neuen Weltbild der Betroffenen.

Insbesondere das Verlassen des eigenen Körpers und die Begegnung mit bereits Verstorbenen werden als tiefgreifende Erlebnisse empfunden, die zunächst einen Schock für die jeweilige Person bedeuten. Wer eine sehr weit fortgeschrittene Nahtoderfahrung gemacht hat bis hin zum Kontakt mit dem Lichtwesen, begreift seine Nahtoderfahrung als ein besonders intensives Erlebnis. Die dabei auftretenden Emotionen und die sprachliche Schwierigkeit, das Erlebte in Worte zu fassen, isolieren den Nahtoderfahrenen nicht selten von seinen Freunden oder Angehörigen und führen auch häufig zu seiner Ausgrenzung innerhalb der Gesellschaft. Ein solches Gefühl der Einsamkeit wird innerhalb einer Familie oder einer Gemeinschaft sogar noch verstärkt, weil es den Betroffenen sehr schwer fällt, sich weiterhin mit deren Sorgen und Zielen im Leben zu identifizieren. Es folgt dann ein Stadium der Destabilisierung und die Rückkehr in den Alltag, die oft sehr schmerzlich ist, weil dieser nun plötzlich trüb und sinnlos erscheint. Dennoch sind die meisten Betroffenen ganz fest davon überzeugt, dass ihre Nahtoderfahrung für sie sehr bedeutsam ist und ihr zukünftiges Leben ganz wesentlich bestimmen wird.

Durch eine Nahtoderfahrung werden auch die meisten Wertvorstellungen einer Person grundlegend in Frage gestellt. Zu den Veränderungen sozialer Natur gehört der absolute Vorrang der Liebe, ein starkes Mitgefühl gegenüber den Mitmenschen sowie eine größere Toleranz, Unterstützung und Hilfsbereitschaft. Zu den Veränderungen materieller Natur zählt ein geringeres oder gar fehlendes Interesse an materiellen Gütern sowie an beruflichem Erfolg oder an sozialem Status. Außerdem gehen Nahtoderfahrungen sehr häufig einher mit einem stark gesteigerten Selbstvertrauen und Selbstwertgefühl sowie einem größeren Wissensdurst. Wenn die Nahtoderfahrung einige Jahre zurückliegt, wird auch oft eine größere Lebensfreude, ein Gefühl für den eigenen Sinn des Lebens und eine Fähigkeit beobachtet, das eigene Leben intensiv zu erleben. Und die Gewissheit, dass das Bewusstsein nach dem Tod des physischen Körpers weiterlebt, lässt die meisten Nahtoderfahrenen die Angst vor dem Tod verlieren.

Wie lassen sich Nahtoderfahrungen erklären?
Die Schulmedizin deutet die Nahtoderfahrungen als das Resultat von absterbenden Hirnzellen oder durch eine veränderte Blutzufuhr zum Gehirn während der Sterbephase. Die geschilderten Erlebnisse seien meist Halluzinationen, die der Sauerstoffmangel im Gehirn einer sterbenden Person hervorrufe.

Neben dieser physiologischen Erklärung gibt es aber ebenfalls noch pharmakologische und neurologische Erklärungsversuche. So könne es unter Drogeneinfluss oder nach dem Einnehmen von Medikamenten auch zu bestimmten Halluzinationen kommen. Oder aber unser Gehirn sei neurologisch gar nicht dazu in der Lage, die Vorgänge beim Sterben korrekt zu deuten.

Allerdings existieren in der aktuellen medizinischen Forschung durchaus auch gegenläufige Meinungen. Sie berufen sich auf mehrere Messungen, die unter wissenschaftlich kontrollierten Bedingungen keinerlei Sauerstoffmangel bei zahlreichen Nahtoderfahrungen ergeben haben. Nähere Informationen hierzu sind im Anhang A2 aufgeführt. Und auch ein Einfluss von Drogen oder Medikamenten konnte in vielen Fällen als Ursache für das Auftreten von einer Nahtoderfahrung definitiv ausgeschlossen werden, wenn nämlich die Vorgeschichte des Patienten bekannt war.

Stutzig macht in jedem Fall die folgende Feststellung: Weder physiologische noch pharmakologische noch neurologische Erklärungsversuche können die vielen bezeugten Fälle deuten, in denen Personen während ihres klinischen Todes Dinge wahrgenommen haben, die zeitgleich in einem anderen Raum, einer anderen Stadt oder einem anderen Land stattfanden. Deshalb findet inzwischen eine alternative Position immer mehr Resonanz, die davon ausgeht, dass das Bewusstsein tatsächlich unabhängig vom Gehirn existieren kann und dass Nahtoderfahrungen etwas ganz Reales sind.

Wo finde ich weitere Informationen?

Neben der in diesem Buch zitierten Literatur gibt es im Internet zwei sehr objektive Informationsportale zur Thematik der Nahtoderfahrungen. Sie werden zum einen von der Gesellschaft „International Association for Near-Death Studies" (IANDS) und zum anderen von der Stiftung „Near-Death Experience Research Foundation" (NDERF) angeboten. Es handelt sich um die beiden folgenden Internetseiten:

http://www.iands.org
http://www.nderf.org

Anhang A2: Wissenschaftliche Studien

Nachdem Raymond Moody [9], Elisabeth Kübler-Ross [72], Kenneth Ring [73] und Melvin Morse [74] den Weg für die moderne Sterbeforschung geebnet hatten, konnte sich das Thema der Nahtoderfahrungen bis heute bereits zu einem international anerkannten Forschungsgebiet entwickeln. Zu den bedeutsamsten wissenschaftlichen Studien zählen heute die Beiträge von Sam Parnia [70], Pim van Lommel [71] und Olaf Blanke [75], auf die an dieser Stelle deshalb besonders eingegangen werden soll.

Die Studie von Sam Parnia (2001)

Der Herzspezialist Sam Parnia von der britischen Universität Southampton hat Mitte 2001 mit seinem Forschungsteam eine Studie über Nahtoderfahrungen in der Fachzeitschrift *Resuscitation* publiziert [70]. Die Studie wurde an insgesamt 63 Herzinfarktpatienten durchgeführt, die nach ihrem klinischen Tod wieder reanimiert worden sind. Davon schildern sieben Patienten diffuse Erinnerungen und vier Patienten eine tatsächliche Nahtoderfahrung. Die Berichte handeln vom Verlassen des Körpers, von einem Tunnel, von einem hellen Licht, von der Begegnung mit verstorbenen Verwandten und von einer Grenze, deren Überschreitung eine Rückkehr ins Leben unmöglich gemacht hätte. Die Patienten wurden bereits kurz nach ihrer Reanimierung mit einem

Fragebogen interviewt. Nachweislich waren alle Patienten dem Tod ganz nahe, weil sie einen vollständigen Herzstillstand erlitten. Die geschilderten Erlebnisse fanden also allesamt in tiefer Bewusstlosigkeit statt.

Hierzu schreibt Sam Parnia: „Diese Patienten hatten die übersinnlichen Erfahrungen genau dann, wenn man sie am wenigsten erwarten würde – wenn das Gehirn keine Funktion mehr ausüben und keine bleibenden Erinnerungen mehr formen kann.“ Die Wissenschaftler argumentieren deshalb in dieser Publikation, dass das Bewusstsein unabhängig vom Gehirn existieren muss. Sie fanden außerdem heraus, dass keiner der Patienten über niedrige Sauerstoffwerte im Gehirn verfügte. Bis dahin wurde ein Sauerstoffmangel nämlich als eine mögliche Ursache für Nahtoderfahrungen angesehen. Die Studie liefert folglich ernst zu nehmende Hinweise darauf, dass das Leben nach dem Tod weitergeht.

Die Studie von Pim van Lommel (2001)
Der niederländische Kardiologe Pim van Lommel veröffentlichte Ende 2001 mit seinem Team die erste mehrjährig angelegte Studie über Nahtoderfahrungen in der renommierten Fachzeitschrift *The Lancet* [71]. Alle 344 Patienten dieser Studie wurden nach einem Herzstillstand reanimiert und innerhalb von fünf Tagen nach der Wiederbelebung befragt. Außerdem wurden diejenigen, die eine Nahtoderfahrung gemacht hatten, zwei und acht Jahre später nochmals befragt und auf weitere Auswirkungen hin untersucht. 62 Personen schilderten das Auftreten einer Nahtoderfahrung, und davon wiesen 41

Patienten sog. Kernerfahrungen auf. In allen registrierten Fällen haben Puls, Atmung und Gehirnaktivität medizinisch nachweisbar ausgesetzt. Insgesamt zwölf Prozent der Untersuchten berichten, dass sie sich während des klinischen Todes außerhalb ihres eigenen Körpers befanden und dabei vielfältige Visionen erlebten.

Pim van Lommel schließt aus, dass Sauerstoffmangel die Ursache für die Nahtoderfahrungen sein kann, denn dann hätten die meisten Patienten das Auftreten einer Nahtoderfahrung schildern müssen. Deshalb kommt er zu dem Schluss: „Was wir nun wissen, ist, dass die üblichen Erklärungen für Nahtoderfahrungen nicht stimmen. Sie treten nicht aufgrund von absterbenden Hirnzellen oder einer Veränderung der Blutzufuhr auf. Auch das Alter, das Geschlecht, der Beruf oder die Religion spielen keine Rolle." Somit konnten in dieser Studie gleich mehrere Faktoren für das Auftreten einer Nahtoderfahrung ganz systematisch ausgeschlossen werden. Die holländische Studie überzeugt vor allem aufgrund der hohen Zahl der untersuchten Personen und der Tatsache, dass sich dieses Klientel über zehn verschiedene Krankenhäuser verteilt. Neu ist auch der große Einsatz wissenschaftlicher Geräte, der jede Gehirnaktivität zum Zeitpunkt der Erlebnisse definitiv ausschließt. Schließlich gelangt auch van Lommel zu dem wichtigen Resultat, dass Bewusstsein ohne den physischen Körper oder das Gehirn möglich ist und andere Dimensionen umfasst.

Kurz nach dieser Studie hat Pim van Lommel in einem Interview das Folgende über seine Patienten geäußert:

„Sie hatten Gedanken und Gefühle und konnten sich an ihre frühe Kindheit erinnern. Sie hatten auch Wahrnehmungen außerhalb ihres Körpers und konnten ihrer Reanimation zuschauen. Die Theorie einer physiologischen Ursache muss also ausgeschlossen werden. Das ist der einzige Schluss, zu dem man kommen muss, wenn man auf unsere Ergebnisse schaut." [76]

Die Studie von Olaf Blanke (2002)

Der Schweizer Neurologe Olaf Blanke und sein Team publizierten im Jahr 2002 eine Untersuchung über die künstlich erzeugte außerkörperliche Erfahrung einer 43-jährigen Patientin in der angesehenen Fachzeitschrift *Nature* [75]. Auch wenn hierbei kein Nahtoderlebnis ausgelöst wurde, so entdeckten doch die Wissenschaftler bei der an Epilepsie leidenden Frau, dass sich durch die ganz gezielte elektrische Stimulation des rechten hinteren Schläfenlappens im Gehirn – des sog. *Gyrus angularis* – mehrere außerkörperliche Erfahrungen induzieren lassen. Diese Region des Gehirns ist ein wichtiger Knotenpunkt für die Wahrnehmung des eigenen Körpers, weil in ihm sehr viele Informationen sowohl aus dem visuellen System als auch aus dem Tast- und Gleichgewichtssinn zusammenlaufen. Die Frau war während des Eingriffs bei Bewusstsein und konnte sich daher mit den Ärzten verständigen. Bei der ersten leichten Stimulation des *Gyrus angularis* mit einer Stromstärke von zwei bis drei Milliampere schilderte die Frau sehr leichte Veränderungen in der Wahrnehmung, als ob sie von großer Höhe herabstürze oder in die Kissen zurückgezogen würde. Aber dann bei 3,5 Milliampere hatte die Patientin plötzlich das Gefühl, sich außerhalb ihres eigenen Körpers zu befinden, konnte allerdings nur ihre Beine und ihren Unterleib sehen. Zwei anschließende Versuche führten zu einem ähnlichen Ergebnis, begleitet von einem Gefühl der Leichtigkeit und des Fliegens knapp unterhalb der Zimmerdecke.

Olaf Blanke selbst interpretiert eine solche künstlich erzeugte außerkörperliche Erfahrung als ein Versagen unseres Gehirns bezüglich der korrekten Verarbeitung von komplexen Informationen. Aber indirekt hat diese Studie gezeigt, dass es nicht ein Sauerstoffmangel sein kann, der für diese Art von Erlebnissen verantwortlich ist. Seine Patientin war nämlich zum Zeitpunkt der Erfahrung hellwach. Außerdem war ihr Gehirn voll funktionsfähig und zu jedem Zeitpunkt ausreichend mit Sauerstoff versorgt.

Anhang A3: Das Wesen einer Nahtoderfahrung

Zum Abschluss noch ein Zitat aus dem Bestseller *Leben nach dem Tod* von Raymond Moody, der das Phänomen der Nahtoderfahrungen zum ersten Mal wissenschaftlich beschrieben hat:

„Ein Mensch liegt im Sterben. Während seine körperliche Bedrängnis sich ihrem Höhepunkt nähert, hört er, wie der Arzt ihn für tot erklärt. Mit einem Mal nimmt er ein unangenehmes Geräusch wahr, ein durchdringendes Läuten oder Brummen, und zugleich hat er das Gefühl, dass er sich sehr rasch durch einen langen, dunklen Tunnel bewegt. Danach befindet er sich plötzlich außerhalb seines Körpers, jedoch in derselben Umgebung wie zuvor. Als ob er ein Beobachter wäre, blickt er nun aus einiger Entfernung auf seinen eigenen Körper. In seinen Gefühlen zutiefst aufgewühlt, wohnt er von diesem seltsamen Beobachtungsposten aus den Wiederbelebungsversuchen bei.

Nach einiger Zeit fängt er sich und beginnt, sich immer mehr an seinen merkwürdigen Zustand zu gewöhnen. Wie er entdeckt, besitzt er noch immer einen Körper, der sich jedoch sowohl seiner Beschaffenheit als auch seinen Fähigkeiten nach wesentlich von dem physischen Körper, den er zurückgelassen hat, unterscheidet. Bald kommt es zu neuen Ereignissen. Andere Wesen nähern sich dem Sterbenden, um ihn zu begrüßen und ihm zu helfen. Er erblickt die Geistwesen bereits verstorbener Verwandter und Freunde, und ein Liebe und Wärme ausstrahlendes Wesen, wie er es noch nie gesehen hat, ein Lichtwesen, erscheint vor ihm. Dieses Wesen richtet – ohne Worte zu gebrauchen – eine Frage an ihn, die ihn dazu bewegen soll, sein Leben als Ganzes zu bewerten. Es hilft ihm dabei, indem es das Panorama der wichtigsten Stationen seines Lebens in einer blitzschnellen Rückschau an ihm vorüberziehen lässt. Einmal scheint es dem Sterbenden, als ob er sich einer Art Schranke oder Grenze nähere, die offenbar die Scheidelinie zwischen dem irdischen und dem folgenden Leben darstellt. Doch wird ihm klar, dass er zur Erde zurückkehren muss, da der Zeitpunkt seines Todes noch nicht gekommen ist. Er sträubt sich dagegen, denn seine Erfahrungen mit dem jenseitigen Leben haben ihn so sehr gefangen genommen, dass er nun nicht mehr umkehren möchte. Er ist von überwältigenden Gefühlen der Freude, der Liebe und des Friedens erfüllt. Trotz seines inneren Widerstandes – und ohne zu wissen, wie – vereinigt er sich dennoch wieder mit seinem physischen Körper und lebt weiter.

Bei seinen späteren Versuchen, anderen Menschen von seinem Erlebnis zu berichten, trifft er auf große Schwierigkeiten. Zunächst einmal vermag er keine menschlichen Worte zu finden, mit denen sich überirdische Geschehnisse dieser Art angemessen ausdrücken ließen. Da er zudem entdeckt, dass man ihm mit Spott begegnet, gibt er es ganz auf, anderen davon zu erzählen. Dennoch hinterlässt das Erlebnis tiefe Spuren in seinem Leben; es beeinflusst namentlich die Art, wie der jeweilige Mensch dem Tod gegenübersteht und dessen Beziehung zum Leben auffasst.“ [77]

Bildnachweis

Das Titelbild auf dem Einband sowie die Abbildungen 3a-d und 4a-d wurden freundlicherweise vom Institut für Theoretische Astrophysik der Universität Tübingen und vom Max-Planck-Institut für Biologische Kybernetik in Tübingen zur Verfügung gestellt.

Die Abbildung 19 wurde freundlicherweise vom Departement of Psychology der Ritsumeikan Universität in Kyoto, Japan, zur Verfügung gestellt.

Alle anderen Abbildungen in diesem Buch hat *Lucy mit c* für uns gezeichnet.

Abbildungsverzeichnis

Tabellenverzeichnis

Literaturverzeichnis

1. G. E. Lessing: Nathan der Weise. Reclam, 2000

2. A. Einstein: Zur Elektrodynamik bewegter Körper. Annalen der Physik 17, 1905 (p. 891-921)

3. J. Freund: Spezielle Relativitätstheorie für Studienanfänger. Vdf Hochschulverlag der ETH Zürich, 2004

4. D. Giulini: Spezielle Relativitätstheorie. Fischer Taschenbuch, 2004

5. M. Born: Die Relativitätstheorie Einsteins. Springer, 2003

6. U. E. Schröder: Spezielle Relativitätstheorie. Verlag Harri Deutsch, 1981

7. C. Gerthsen, H. O. Kneser, H. Vogel: Physik. Springer, 1982

8. B. Jakoby: Die Brücke zum Licht. Langen Müller, 2004 (p. 18)

9. R. A. Moody: Leben nach dem Tod. rororo Sachbuch, 2004

10. H. Ruder, H.-P. Nollert: Einsteins Holodeck. Spektrum der Wissenschaft, Heft 7/2005 (p. 56-65)

11. U. Kraus, M. Borchers: Fast lichtschnell durch die Stadt. Physik in unserer Zeit, Heft 2/2005 (p. 64-69)

12. B. Jakoby: Die Brücke zum Licht. Langen Müller, 2004 (p. 43)

13. B. Jakoby: Die Brücke zum Licht. Langen Müller, 2004 (p. 221-222)

14. E. Winkler: Begegnung mit dem lebendigen Licht. Silberschnur, 2001 (p. 40-41)

15. R. A. Moody: Leben nach dem Tod. rororo Sachbuch, 2004 (p. 47)

16. R. A. Moody: Leben nach dem Tod. rororo Sachbuch, 2004 (p. 75)

17. K. Ring, E. Elsaesser-Valarino: Im Angesicht des Lichts. Ariston, 1999 (p. 28-29)

18. Y. Eck in: Nah-Todeserfahrungen: Rückkehr zum Leben. Flensburger Hefte 51, 1995 (p. 80)

19. M. Morse: Zum Licht. Zweitausendeins, 1992 (p. 44)

20. M. Morse: Zum Licht. Zweitausendeins, 1992 (p. 48)

21. K. Ring, E. Elsaesser-Valarino: Im Angesicht des Lichts. Ariston, 1999 (p. 83-84)

22. R. Eötvös: Bericht über geodätische Arbeiten in Ungarn

besonders über Beobachtungen mit der Drehwaage. Verhandlungen der XVI. allg. Conferenz der Internat. Erdmessung in London, 1909. Theil, 1910 (p. 319-350)

23. J. Luo, L.-C. Tu, Z.-K. Hu, E.-J. Luan: New experimental limit on the photon rest mass with a rotating torsion balance. Physical Review Letters 90, 2003 (p. 081801)

24. R. A. Moody: Leben nach dem Tod. rororo Sachbuch, 2004 (p. 61-62)

25. K. Ring, E. Elsaesser-Valarino: Im Angesicht des Lichts. Ariston, 1999 (p. 33)

26. R. A. Moody: Leben nach dem Tod. rororo Sachbuch, 2004 (p. 101)

27. U. E. Schröder: Spezielle Relativitätstheorie. Verlag Harri Deutsch, 1981 (p. 51-52)

28. B. Jakoby: Die Brücke zum Licht. Langen Müller, 2004 (p. 55)

29. R. A. Moody: Leben nach dem Tod. rororo Sachbuch, 2004 (p. 84-85)

30. K. Ring, E. Elsaesser-Valarino: Im Angesicht des Lichts. Ariston, 1999 (p. 141)

31. G. Ewald: Die Physik und das Jenseits. Pattloch, 1998 (p. 25)

32. B. Jakoby: Die Brücke zum Licht. Langen Müller, 2004 (p. 56)

33. E. Winkler: Begegnung mit dem lebendigen Licht. Silberschnur, 2001 (p. 38-39)

34. B. Jakoby: Die Brücke zum Licht. Langen Müller, 2004 (p. 39)

35. K. Ring, E. Elsaesser-Valarino: Im Angesicht des Lichts. Ariston, 1999 (p. 30)

36. R. A. Moody: Leben nach dem Tod. rororo Sachbuch, 2004 (p. 66)

37. T. Young: A course of lectures on natural philosophy and the mechanical arts. Johnson, 1807

38. M. Planck: Über eine Verbesserung der Wienschen Spectralgleichung. Verhandlungen der Deutschen Physikalischen Gesellschaft, 1900 (p. 202-204)

39. A. Einstein: Über einen die Erzeugung und Verwandlung des Lichtes betreffenden heuristischen Gesichtspunkt. Annalen der Physik, 1905 (p. 132-148)

40. N. Bohr: Das Quantenpostulat und die neuere Entwicklung der Atomistik. Vortrag in Como, 1927

41. E. Winkler: Begegnung mit dem lebendigen Licht. Silberschnur, 2001 (p. 43-44)

42. R. Moody: Leben nach dem Tod. rororo Sachbuch, 2004 (p. 69)

43. B. Jakoby: Die Brücke zum Licht. Langen Müller, 2004 (p. 47)

44. K. Ring, E. Elsaesser-Valarino: Im Angesicht des Lichts. Ariston, 1999 (p. 37)

45. K. Ring, E. Elsaesser-Valarino: Im Angesicht des Lichts. Ariston, 1999 (p. 289)

46. K. Ring, E. Elsaesser-Valarino: Im Angesicht des Lichts. Ariston, 1999 (p. 294)

47. R. A. Moody: Leben nach dem Tod. rororo Sachbuch, 2004 (p. 62)

48. R. Cayrel, V. Hill, T. C. Beers, B. Barbuy, M. Spite, F. Spite, B. Plez, J. Andersen, P. Bonifacio, P. Francois, P. Molaro, B. Nordström, F. Primas: Measurement of stellar age from uranium decay. Nature 409, 2001 (p. 691-692)

49. M. Y. Shverdin, D. R. Walker, D. D. Yavuz, G. Y. Yin, S. E. Harris: Generation of a single-cycle optical pulse. Physical Review Letters 94, 2005 (p. 033904)

50. S. J. Mojzsis, G. Arrhenius, K. D. McKeegan, T. M. Harrison, A. P. Nutman, C. R. L. Friend: Evidence for life on earth before 3,800 million years ago. Nature 384, 1996 (p. 55-59)

51. M. G. Leakey, C. S. Feibel, I. McDougall, A. Walker: New four-million-year-old hominid species from Kanapoi and Allia Bay, Kenya. Nature 376, 1995 (p. 565-571)

52. I. Kant: Kritik der reinen Vernunft. Reclam, 2003

53. R. Kohlrausch, W. E. Weber: Über die Elektricitätsmenge, welche bei galvanischen Strömen durch den Querschnitt der Kette fliesst. Annalen der Physik 99, 1856 (p. 10-25)

54. P. Drude: Zum Studium des elektrischen Resonators. Göttingen Nachrichten, 1894 (p. 189-223)

55. A. Einstein: Die Grundlage der allgemeinen Relativitätstheorie. Annalen der Physik 49, 1916 (p. 769-822)

56. O. Rømer: Démonstration touchant le mouvement de la lumière. Journal des Sçavans, 1676 (p. 223-236)

57. P. C. W. Davies: The accidental universe. Cambridge University Press, 1982

58. J. Leslie: Universes. Routledge, 1996

59. J. Barrow, F. J. Tipler: The anthropic cosmological principle. Oxford University Press, 1988

60. R. A. Moody: Leben nach dem Tod. rororo Sachbuch, 2004 (p. 78)

61. K. Ring, E. Elsaesser-Valarino: Im Angesicht des Lichts. Ariston, 1999 (p. 297-298)

62. K. Ring: Heading toward Omega: In search of the meaning of the near-death experience. Quill, 1985

63. H. v. Ditfurth: Wir sind nicht nur von dieser Welt. dtv Sachbuch, 1984 (p. 298-299)

64. H. v. Ditfurth: Wir sind nicht nur von dieser Welt. dtv Sachbuch, 1984 (p. 145)

65. D. C. Johanson, M. Taieb, Y. Coppens: Pliocene hominids from the Hadar Formation, Ethiopia. American Journal of Physical Anthropology 57, 1982 (p. 373–402)

66. M. Schröter-Kunhardt: Das Jenseits in uns. Psychologie heute, Heft 6/1993 (p. 64-69)

67. G. Roberts, J. Owen: The near-death experience. British Journal of Psychiatry 153, 1988 (p. 607-617)

68. J. Long: How many NDEs occur in the United States every day? Übersichtsartikel auf http://www.nderf.org

69. H. Knoblauch: Berichte aus dem Jenseits. Herder, 1999

70. S. Parnia, D. G. Waller, R. Yeates, P. Fenwick: A qualitative and quantitative study of the incidence, features and aetiology of near-death experiences in

cardiac arrest survivors. Resuscitation 48, 2001 (p. 149-156)

71. P. v. Lommel, R. v. Wees, V. Meyers, I. Elfferich: Near-death experience in survivors of cardiac arrest: A prospective study in the Netherlands. Lancet 358, 2001 (p. 2039-2045)

72. E. Kübler-Ross: Interviews mit Sterbenden. Droemer Knaur, 2001

73. K. Ring: Den Tod erfahren, das Leben gewinnen. Bastei-Lübbe, 1988

74. M. Morse: Zum Licht. Zweitausendeins, 1992

75. O. Blanke, S. Ortigue, T. Landis, M. Seeck: Neuropsychology: Stimulating illusory own-body perceptions. Nature 419, 2002 (p. 269-270)

76. B. Jakoby: Die Brücke zum Licht. Langen Müller, 2004 (p. 27)

77. R. A. Moody: Leben nach dem Tod. rororo Sachbuch, 2004 (p. 38-39)

Danksagung

Mein besonderer Dank gilt Herrn Marc Borchers vom Institut für Theoretische Astrophysik der Universität Tübingen, der für dieses Buch das Titelbild sowie die Abbildungen 3a-d und 4a-d berechnet hat.

Darüber hinaus schätze ich die hilfreichen Anregungen zum Thema der speziellen Relativitätstheorie, die ich von Frau Ute Kraus vom Institut für Theoretische Astrophysik der Universität Tübingen erhalten habe.

Bei Frau Evelyn Elsaesser-Valarino und Herrn Bernard Jakoby möchte ich mich für die Bereitstellung von wertvollen Hintergrundinformationen und Literaturzitaten zur Thematik der Nahtoderfahrungen bedanken.

Herrn Akiyoshi Kitaoka danke ich für seine Genehmigung, die Abbildung 19 abzudrucken.

Für das Korrekturlesen des Manuskripts ein ganz arg herzliches Dankeschön an meine Frau Alexandra und meine Eltern! Und einen dicken Knuddel für unseren Sohn Josua, der mich mit seiner fröhlichen Natur stets motiviert hat, weiterzuschreiben.

Kontaktmöglichkeit

Sie können gerne mit Lucy Kontakt aufnehmen unter ihrer E-Mail Adresse:

lucymitc@yahoo.com

Die Stiftung Lucys Kinder

Mit dem bisherigen Erlös seiner beiden Bücher *Lucy mit c* und *Lucy im Licht* hat der Autor die Stiftung Lucys Kinder gegründet. Hiermit soll es Kindern aus den ärmsten Ländern dieser Welt ermöglicht werden, die Bedeutung von Liebe zu erfahren und Wissen zu erwerben. Durch die Verbesserung ihrer Lebensbedingungen, die Stärkung ihrer Familien und die Gründung neuer Schulen. Geförderte Projekte werden auf der Webseite http://www.Lucys-Kinder.de vorgestellt.

Lucys Kinder ist eine treuhänderische Stiftung unter dem Dach der rechtsfähigen Stiftung Kinderfonds, der größten deutschen Dachstiftung für notleidende Kinder und Jugendliche. Die sehr niedrigen Verwaltungskosten werden durch Zinsen des Stiftungskapitals gedeckt. Alle Spenden fließen zu 100 % in die Hilfsprojekte.

Lucys Kinder ist unter der Steuernummer 143 / 235 / 76239 beim Finanzamt München für Körperschaften als gemeinnützig und mildtätig anerkannt (Bescheid vom 30. Mai 2007). Helfen auch Sie mit, Liebe und Wissen zu vermehren. Jede Zustiftung und Spende ist herzlich willkommen! Spenden ist auch online möglich: http://www.Lucys-Kinder.de. Bei Spenden bis 200 Euro gilt der vereinfachte Spendennachweis. Ab 200 Euro wird eine Spendenquittung zugeschickt, wenn Sie im Verwendungszweck Ihre Adresse angeben.

Spendenkonto: Stiftung Lucys Kinder
Konto: 375 1440 144
BLZ: 700 205 00 (Bank für Sozialwirtschaft)